职业教育财经商贸类专业教学用书

物流单证制作实务
习题集

主　编　谢丽芳
副主编　沈　昕

华东师范大学出版社
·上海·

图书在版编目(CIP)数据

物流单证制作实务习题集/谢丽芳主编. —上海：华东师范大学出版社,2015.2
ISBN 978-7-5675-3133-8

Ⅰ.①物… Ⅱ.①谢… Ⅲ.①物流-原始凭证-中等专业学校-教材 Ⅳ.①F252-44

中国版本图书馆 CIP 数据核字(2015)第 029439 号

物流单证制作实务
习题集

职业教育财经商贸类专业教学用书

主　　编　谢丽芳
责任编辑　何　晶
封面设计　冯　笑

出版发行　华东师范大学出版社
社　　址　上海市中山北路3663号　邮编 200062
网　　址　www.ecnupress.com.cn
电　　话　021-60821666　行政传真 021-62572105
客服电话　021-62865537　门市(邮购)电话 021-62869887
地　　址　上海市中山北路3663号华东师范大学校内先锋路口
网　　店　http://hdsdcbs.tmall.com

印 刷 者　常熟市文化印刷有限公司
开　　本　787毫米×1092毫米　1/16
印　　张　7.5
字　　数　148千字
版　　次　2015年3月第1版
印　　次　2024年7月第13次
书　　号　ISBN 978-7-5675-3133-8
定　　价　16.60元

出版人　王　焰

(如发现本版图书有印订质量问题,请寄回本社客服中心调换或电话 021-62865537 联系)

前言

QIANYAN

本书是为了配合《物流单证制作实务》(第二版)教材的使用,在整理了两届全国职业院校技能大赛物流单证项目训练题的基础上,编写的配套习题集。

《物流单证制作实务·习题集》是集体智慧的结晶,有相当一部分习题是作者们在多年的教学和竞赛指导工作中总结开发的。

为更好地体现物流作业的完整性,本习题集主要按照仓储单证制作、运输单证制作、国际货代单证制作以及综合业务单证制作四个部分来设计习题,每个习题包含多张单证的制作。因此,建议教师在完成每一模块教学任务后,为巩固与提高学生物流单证制作的职业技能,集中使用本习题集。本习题集中出现的公司名称、人名、地名、电话号码等纯属虚构。

本书可供职业学校物流服务与管理专业、国际商务专业学习物流单证制作课程时使用,也可作为物流从业人员及其他自学者的学习参考。

本书由谢丽芳、沈昕、金向荣参与编写,由谢丽芳建担任主编、沈昕担任副主编。

本书的编写得到了上海市现代职业技术学校沈满校长、詹宏副校长以及北京络捷斯特科技发展有限公司上海分公司朱广峰、何萍的大力支持,在此表示衷心的感谢。

由于编者水平有限,本书难免存在错误和疏漏之处,恳请使用者提出批评和改进意见,以便我们更正。

编 者
2023 年 3 月

目 录

MULU

第一部分 仓储单证制作 ... 1

第一题 ... 1
第二题 ... 3
第三题 ... 6
第四题 ... 8
第五题 ... 12
第六题 ... 15
第七题 ... 18
第八题 ... 20
第九题 ... 24
第十题 ... 27

第二部分 运输单证制作 ... 32

第一题 ... 32
第二题 ... 35
第三题 ... 39
第四题 ... 43
第五题 ... 47
第六题 ... 52
第七题 ... 57
第八题 ... 64
第九题 ... 69
第十题 ... 70

第三部分 国际货运代理单证制作 ... 72

第一题 ... 72
第二题 ... 74
第三题 ... 79
第四题 ... 81
第五题 ... 83
第六题 ... 85

目录

MULU

第七题 …………………………………………………… 87

第四部分　国际货代综合单证制作　　91

第一题　出口业务单证制作 ………………………………… 91
第二题　进口业务单证制作 ………………………………… 103

第一部分　仓储单证制作

第一题

2014年9月7日，广东东莞人民商场收到广州匡威鞋业有限公司（供应商编号为KHBH003）的入库通知单，有一批运动鞋即将发至商场仓库。

货物信息如下：

匡威运动鞋A，ART. NO. 571，箱装，12双/箱，20箱；

匡威运动鞋B，ART. NO. 572，箱装，22双/箱，16箱；

匡威运动鞋C，ART. NO. 573，箱装，12双/箱，15箱。

广东东莞人民商场仓库信息员程成根据该批货物的入库通知单（编号：RKTZD001），编制单号为RKD001的入库单，将该批货物存放于编号为KF001的仓库。

9月8日，货到仓库。仓管员刘艳在入库验收时，发现入库货物型号错误，广州匡威鞋业有限公司错将ART. NO. 574的匡威运动鞋D，20双/箱，当成ART. NO. 572的匡威运动鞋B发货。仓管员刘艳立刻与商场采购部联系，采购员吴承清根据采购协议作出退货处理。采购员吴承清填制退货申请单，退货原因是型号错误，质检单号为ZLJY20001，退货单号是THDH001，并要求广州匡威鞋业有限公司及时更换货物为ART. NO. 572的匡威运动鞋B。仓管员刘艳将验收合格的货品暂存在KF001仓库的暂存区中，待次日货品到齐后一起入库上架。同时仓管员刘艳在入库单中填写了实际收货情况。

次日，广州匡威鞋业有限公司将更换后的货物重新运送至KF001仓库，仓管员刘艳验收合格。所有货品齐全后，仓管员刘艳编制储位分配单，将货品全部存储在鞋品区，储配分配作业单号为CWPF001。

当前KF001仓库的可用储位情况如下：CWBH401-CWBH410的货位（空）。

其中距出库理货区由近及远依次为：CWBH401、CWBH402、CWBH403……CWBH410的货位，每一个储位的储存定额数为10箱。

货品出入库频率由高到低排列依次为匡威运动鞋B、匡威运动鞋A、匡威运动鞋C。

制单要求：

1. 请根据以上资料，以广东东莞人民商场仓库信息员程成的身份编制入库单；
2. 请根据以上资料，以广东东莞人民商场仓库仓管员刘艳的身份编制储位分配单；
3. 请根据以上资料，以广东东莞人民商场采购员吴承清的身份填制退货申请单。

（备注：单据填制过程中，各字段的内容须完全以题干中所提供的信息为准；题干中没有提供的信息，均不填）

入库单

入库单号：

仓库编号							
供应商名称			供应商编号		制单时间		
入库通知单编号							
物料名称	物料编号	规格	单位	计划数量	实际数量	批次	备注
仓管员				制单人			

储位分配单

作业单号：

入库单号				仓库编号	
仓管员				日期	
作业明细					

序号	库区	储位	物料名称	物料编号	规格	单位	应放数量	实放数量	备注
制单人				作业人(签字)					

退货申请单								
退货单号：								
客户名称							申请日期	
物料名称	物料编号	规格	单位	退货数量	质检单号	退货原因	备注	
制单人		仓库员				第1页 共1页		

第二题

2014年3月2日8点，上海华联配送中心仓储部负责人贾理忠收到客户编号为KHBH002联合利华公司的传真，有一批货物即将入库。应收货物如下：

序号	货品名称	货品编号	包装类型	包装规格	数量（箱）	批号
1	立顿奶茶 250 ml	LH001	箱装	20瓶/箱	50	20140301
2	飘柔洗发水 450 ml	LH005	箱装	20瓶/箱	30	20140301
3	可爱多冰激凌蛋筒（巧克力味）	LH003	箱装	50支/箱	50	20140301

贾理忠安排信息员王冰制作入库单，入库通知单的单号为RKTZD01，入库单的单号为RKD111，货物存放在CK03仓库。

3月3日，配送中心收到货物，CK03仓库的仓管员周云宝进行验货，验货中发现编号为LH003的商品有1箱外包装有污渍，因此拒收。其他货物数量均和入库通知单相同。仓管员周云宝当天根据入库情况填制了入库单，并按商品属性安排了储位，完成入库上架作业。

3月4日8点，配送中心接到联华宝山店负责人张华的发货通知单，发货信息如下：

上海联华超市宝山店
发货通知单

发货通知单号：ASN2014030401
收货客户：联华超市宝山店　　　　　　　　收货地址：上海市淞发路888号
收货人：张懿　　收货人电话：021-66505534　　发货日期：2014年3月5日

序号	货品编号	货品名称	规格	单位	计划数量	实际数量	备注
1	LH001	立顿奶茶 250 ml	20瓶/箱	箱	30		
2	LH005	飘柔洗发水 450 ml	20瓶/箱	箱	20		

续表

序号	货品编号	货品名称	规格	单位	计划数量	实际数量	备注
3	LH003	可爱多冰激凌蛋筒（巧克力味）	50支/箱	箱	10		
4	LH006	蒙牛冰棍	100支/箱	箱	10		
				合计	70		

制单人：陈亮　　　　审核人：朱杰　　　　　　　　第1页 共1页

目前，华联配送中心CK03仓库部分货物存放的信息如下：

库区	储位	货品名称	货品编号	包装类型	包装规格	数量（箱）	批号
食品区	A00100	立顿奶茶 250 ml	LH001	箱装	20瓶/箱	20	20140211
食品区	A00101	立顿奶茶 250 ml	LH001	箱装	20瓶/箱	50	20140301
日用品区	A00201	潘婷洗发水 450 ml	LH004	箱装	20瓶/箱	20	20140218
日用品区	A00202	飘柔洗发水 450 ml	LH005	箱装	20瓶/箱	36	20140220
日用品区	A00203	飘柔洗发水 450 ml	LH005	箱装	20瓶/箱	30	20140301
日用品区	A00204	飘柔洗发水 250 ml	LH002	箱装	24瓶/箱	25	20140220
冷冻区	B0001	可爱多冰激凌蛋筒（巧克力味）	LH003	箱装	50支/箱	5	20140228
冷冻区	B0002	可爱多冰激凌蛋筒（巧克力味）	LH003	箱装	50支/箱	50	20140301
冷冻区	B0102	蒙牛冰棍	LH006	箱装	100支/箱	9	20140227

信息员王冰接到发货通知书后，查询货品的库存情况，发现蒙牛冰棍的库存只剩9箱，无法满足客户的订货要求。经与联华超市宝山店联系，同意按照配送中心实际库存情况出库。信息员王冰根据发货通知单与货物的库存情况编制出库单，单号为CKD002，并将出库单交仓管员周云宝进行拣货作业准备。

仓管员周云宝根据出库单编制作业单号为JHDH021的拣货单，按照批号先进先出的原则进行拣货安排。

3月4日10:00，拣货操作员潘志云按照拣货单完成拣货任务，仓管员周云宝进行了出库复核。11:00，货交提货员刘伟，刘伟进行装车前货品复核，数量正常。

制单要求：

1. 请根据以上资料，以上海华联配送中心信息员王冰的身份编制入库单；
2. 请根据以上资料，以上海华联配送中心仓管员周云宝的身份填制出库单。
3. 请根据以上资料，以上海华联配送中心仓管员周云宝的身份编制拣货单；

(备注:单据填制过程中,各字段的内容须完全以题干中所提供的信息为准;题干中没有提供的信息,均不填)

入库单

入库单号:

仓库编号							
供应商名称			供应商编号		制单时间		
入库通知单编号							
物料名称	物料编号	规格	单位	计划数量	实际数量	批次	备注
仓管员			制单人				

出库单

出库单号:

货主名称				发货通知单编号			
收货客户				发货日期			
收货地址			收货人		收货人电话		
货品编号	货品名称	规格	单位	计划数量	实际数量	收货人签收数量	备注
仓管员		制单人			收货人		

拣货单

作业单号：

货主名称		出库单号	
仓库编号		制单日期	

货品明细									
序号	库区	储位	货品编号	货品名称	规格	单位	应拣数量	实拣数量	备注

制单人		拣货人	

第三题

2014年2月15日，上海某图书出版社销售部姜晨收到新华书店福州路分店的订货单，要求订购一批书籍和音像制品，于2014年2月16日16时送到福州路分店，地址为上海市福州路800号，联系人李菊，联系电话1358598××××。

新华书店福州路分店订货信息如下：

《幼儿儿歌大全》，产品编号CXSH001A，50本/箱，2箱；

《教育的觉醒》，产品编号CXSH001B，20本/箱，1箱；

《数学》练习册，产品编号CXSH002A，50本/箱，3箱；

《少儿英语》磁带，产品编号YXZP002B，50盒/箱，2箱；

《滚石群星演唱会》CD，产品编号YXZP002C，30盒/箱，1箱。

该出版社图书配送中心信息员邵卉收到销售部转来的发货通知单（单号为FHTZ23801），查询上海图书出版社库存的图书信息，得知数量充足，能满足订单的要求。于是信息员邵卉制作了单号为CK003的出库单，并转交仓储部做出库准备。

该出版社配送中心CK002库房的货物储放信息如下：

《幼儿儿歌大全》，存放于仓库一区的A0014储位；

《教育的觉醒》，存放于仓库一区的B0012储位；

《数学》练习册，存放于仓库一区A0081储位；

《少儿英语》磁带，存放于仓库二区C0001储位；

《滚石群星演唱会》CD，存放于仓库二区C0002储位。

配送中心仓管员程军根据图书的库存情况，编制作业单号为JHD002的拣货单，交拣货员卢文明进行拣货。拣货员卢文明在拣货过程中，按照拣货单要求完成拣货任务，并在拣货单中进行反馈。拣货完毕，所有货品存储在暂存一区进行存放，待2月16日中午12点装运发货。

2014年2月18日，由于产品编号为CXSH001B《教育的觉醒》(100箱)，属于出库频率较低的商品，配送中心经理张云要求将其进行移库作业。具体内容如下：使用一台叉车，操作工一名，把仓库一区的B0012储位（库负责人：张晓）移到仓库四区D0011储位上（库负责人：吴彬）。移库作业由仓管员程军负责，并要求在2014年2月19日完成移库作业。仓管员程军编制了编号为YKD001的移库单，交操作工刘易阳移库。操作工刘易阳在移库过程中未发现异常。

制单要求：
1. 请根据以上资料，以上海图书配送中心信息员邵卉的身份编制出库单；
2. 请根据以上资料，以上海图书配送中心仓管员程军的身份编制拣货单；
3. 请根据以上资料，以上海图书配送中心操作工刘易阳的身份填制移库单。

（备注：单据填制过程中，各字段的内容须完全以题干中所提供的信息为准；题干中没有提供的信息，均不填）

出库单

出库单号：

货主名称						发货通知单编号			
收货客户						发货日期			
收货地址				收货人				收货人电话	
货品编号	货品名称	规格	单位	计划数量		实际数量		收货人签收数量	备注
仓管员				制单人				收货人	

拣货单

作业单号：

货主名称						出库单号				
仓库编号						制单日期				

货 品 明 细											
序号	库区	储位	货品编号	货品名称	规格	单位	应拣数量	实拣数量	备注

制单人			拣货人	

移库单

编号：

下达日期		执行日期	

调 用 资 源		
资源名称	负责人	数量

货 品 信 息						
品名	单位	源位置	目标位置	应拣数量	实拣数量	实存数量	备注

制单人			移库作业人	

第四题

南京苏果配送中心仓库CK001,共设两个区,每个区有货架2排,每排4个截面,共3层。(每一储位限放50箱)具体储位安排如下：

食品区	通道	以一层为例	00000	00001	00002	00003
		A	老坛（袋装）	老坛（桶装）	五谷道场庖丁鲜蔬面	五谷道场香辣牛肉面
		D	康师傅	康师傅	日清	日清

日化区	通道	以一层为例	00000	00001	00002	00003
		C	护手霜	护手霜	日霜	日霜
		D	眼霜	眼霜	香皂	香皂

2014年02月26日6:00，南京苏果配送中心收到编号为FHTZD001的发货通知单，要求9点从CK01仓库发出一批货物至桥北苏果超市。

订单信息

订货单位：桥北苏果超市　　订货联系人：刘新宇　　联系人电话：025-62908181
送货地址：南京市解放东路1280号

序号	货品编码	货品名称	货品规格	货品数量
1	CPBHJ1	统一老坛酸菜面	105 g/袋	30箱
2	CPBHJ5	统一老坛酸菜面	150 g/桶	30箱
3	CPBHJ10	五谷道场庖丁鲜蔬面	120 g/袋	30箱
4	CPBHA2	五谷道场香辣牛肉面	135 g/袋	30箱
5	CPBHA3	美加净护手霜	75 ml/支	25箱

信息员刘义查询库存信息，仓库内货物存量详情如下：

序号	库区	储位	货品编码	货品名称	货品规格	批号	单位	数量
1	食品区	A00000	CPBHJ1	统一老坛酸菜面	105 g/袋	20140101	箱	50
2	食品区	A00100	CPBHJ1	统一老坛酸菜面	105 g/袋	20131201	箱	15
3	食品区	A00101	CPBHJ5	统一老坛酸菜面	150 g/桶	20140228	箱	40
4	食品区	A00002	CPBHJ10	五谷道场庖丁鲜蔬面	120 g/袋	20140228	箱	50
5	食品区	A00203	CPBHA2	五谷道场香辣牛肉面	135 g/袋	20140227	箱	30
6	日化区	C00101	CPBHA3	美加净护手霜	75 ml/支	20140130	箱	50

信息员刘义根据订单要求以及库存情况，编制单号为CKD001的出库单。出库任务交由

仓管员刘梦云负责。刘梦云按照批号先进先出的原则,编制拣货单,安排订单货品的拣选及出库作业。

该订单货品于8:30拣选完毕,货品名称及数量与订单相符。

9:00,南京苏果配送中心收到南京新华商贸公司(供应商编号为KH01)编号为RKTZD001的入库通知单,信息员刘义编制入库单,编号为RKD001,交仓管员刘梦云。

南京新华商贸公司
入库通知单

客户:南京新华商贸公司					入库通知单号:RKTZD001	
发货日期:2014年2月26日					计划到货日期:2014年2月26日	
序号	货品编号	货品名称	规格	单位	计划数量	批次	备注
1	CPBHJ1	统一老坛酸菜面	105 g/袋	箱	50	20140116	
2	CPBHJ5	统一老坛酸菜面	150 g/桶	箱	50	20140116	
3	CPBHJ6	康师傅香菇鸡面	105 g/袋	箱	20	20140116	
4	CPBHA3	美加净护手霜	75 ml/支	箱	10	20140116	
5	CPBHA4	美加净眼霜	50 g/支	箱	10	20140116	
				合计	140		
制单人:张量		审核人:刘小虎				第1页 共1页

15:00,货品到达配送中心。货物验收合格后,仓管员刘梦云根据实际入库情况填制入库单。货物按照储位安排的原则,全部安置在相应的空储位中,由低到高摆放,批次不同的货品不放在同一储位。

2月26日18:00,总经理刘永胜下达盘点通知,要求仓管员刘梦云在19:00关闭仓库CK01,对食品区进行定期盘点,盘点方式为明盘。刘梦云准时关闭了仓库,制作编号为PDD001的盘点单,由盘点员刘建军负责盘点工作,盘点结果是库存货物数量正常且无损坏的情况。

制单要求:
1. 请根据以上资料,以南京苏果配送中心信息员刘义的身份制作出库单;
2. 请根据以上资料,以南京苏果配送中心仓管员刘梦云的身份填制入库单;
3. 请根据以上资料,以南京苏果配送中心盘点员刘建军的身份制作盘点单。

(备注:单据填制过程中,各字段的内容须完全以题干中所提供的信息为准;题干中没有提供的信息,均不填)

出库单

出库单号：

货主名称				发货通知单编号			
收货客户				发货日期			
收货地址			收货人		收货人电话		
货品编号	货品名称	规格	单位	计划数量	实际数量	收货人签收数量	备注
仓管员			制单人		收货人		

入库单

入库单号：

仓库编号							
供应商名称		供应商编号		制单时间			
入库通知单编号							
物料名称	物料编号	规格	单位	计划数量	实际数量	批次	备注
仓管员				制单人			

盘点单

盘点单号：

仓库编号							制单日期				
货品信息											
库区	储位	货号编号	货品名称	规格	单位	系统库存情况	实际数量	盈亏数量	损坏数量	备注	

制单人：　　　　　　　　　　　　盘点人（签字）：

第五题

2014年1月28日，上海方达配送中心业务部收到江苏兴华电子贸易公司采购部蔡云的订货单，要求订购一批电脑设备，于2014年1月29日8:00送到兴华电子贸易公司销售部。1月28日，业务部信息员王刚根据客户订单要求编制编号为CKD002的出库单。王刚在查询CK02仓库的库存后，按照库存情况编制单号为JHD00231的拣货单。

客户订购的货物信息如下：

发货通知单编号	FHTZ23001
收货客户	江苏兴华电子贸易公司
收货地址	江苏省苏州市吴中路123号
收货人电话	1367678××××
收货人	王庆
发货仓库	上海方达配送中心
发货地址	上海市嘉定区宝塔路1670号
货物名称与数量	Dell机箱，编号CP001，1台/箱，20箱； Dell液晶显示屏，编号WP002，1台/箱，20箱； Dell键盘，编号FP003，10件/箱，10箱； Dell鼠标，编号SP004，50个/箱，4箱
包装单位	箱装

方达配送中心的货物库存情况如下：

Dell 机箱，编号 CP001，箱装，1 台/箱，100 箱，批次 2013-12-21，存放于一区 A00101 储位；

Dell 机箱，编号 CP002，箱装，1 台/箱，50 箱，批次 2013-12-25，存放于一区 A00100 储位；

Dell 机箱，编号 CP003，箱装，1 台/箱，50 箱，批次 2013-11-01，存放于一区 A00102 储位；

Dell 液晶显示屏，编号 WP001，箱装，1 台/箱，10 箱，批次 2014-01-01，存放于二区 B00202 储位；

Dell 液晶显示屏，编号 WP002，箱装，1 台/箱，50 箱，批次 2014-01-03，存放于二区 B00201 储位；

Dell 键盘，编号 FP003，箱装，10 件/箱，12 箱，批次 2014-01-13，存放于三区 C00001 储位；

Dell 鼠标，编号 SP004，箱装，50 个/箱，12 箱，批次 2014-02-13，存放于四区 D00001 储位。

拣货及出库工作由 CK02 仓库的仓管员邱锦军进行。工作人员将所有货物集齐后转到 CK02 仓库的暂存一区进行存放。

1 月 29 日上午 6:00，江苏兴华电子贸易公司员工李小云将货物提取，装车运走。

由于产品编号 CP002 的 Dell 液晶显示屏，属于出库频率较低的商品，仓管员邱锦军作为 CK02 仓库的负责人（姜文山负责回单），当天 12:30 接到仓储经理编号为 YKD001 的移库通知，要求操作员万齐盂在 14 点前完成移库作业。移库具体要求如下：使用两台叉车，操作工两名，把 CK02 仓库二区中的所有编号为 WP002 的 Dell 液晶显示屏移到五区 E00203 储位上。

制单要求：

1. 请根据以上资料，以上海方达配送中心信息员王刚的身份编制拣货单；
2. 请根据以上资料，以上海方达配送中心信息员王刚的身份编制出库单；
3. 请根据以上资料，以上海方达配送中心操作员万齐盂的身份填制移库单。

（备注：单据填制过程中，各字段的内容须完全以题干中所提供的信息为准；题干中没有提供的信息，均不填）

拣货单

作业单号：

货主名称							出库单号		
仓库编号							制单日期		

货品明细

序号	库区	储位	货品编号	货品名称	规格	单位	应拣数量	实拣数量	备注

制单人			拣货人	

出库单

出库单号：

货主名称					发货通知单编号			
收货客户					发货日期			
收货地址				收货人		收货人电话		
货品编号	货品名称	规格	单位	计划数量	实际数量	收货人签收数量	备注	
仓管员			制单人			收货人		

移库单

编号：

下达日期			执行日期			
调　用　资　源							
资源名称	负责人		数量				
货　品　信　息							
品名	单位	源位置	目标位置	应拣数量	实拣数量	实存数量	备注
制单人			移库作业人				

第六题

2014年4月11日,上海汽配物流中心的订单处理中心收到上海百琦汽车配件厂(供应商编号:GYSBH0033121)传真来的送货单,预计12日将一批刚生产好的汽车配件入库到KF001仓库:

上海百琦汽车配件厂
入库通知单

客户:上海百琦汽车配件厂　　　　　入库通知单号:RKDAB9388833201
收货人:路遥　　　　　　　　　　　收货地点:上海市金山区霞飞路1号
发货日期:2014年4月12日　　　　　电话:021-61164431
　　　　　　　　　　　　　　　　　计划到货日期:2014年4月12日

序号	物料编号	物料名称	规格	单位	计划数量	批次	备注
1	14567899	汽车安全带	47-48MM	箱	50		
2	14567900	橡胶减震器	W203	箱	20		
3	14567904	汽车润滑油	DC10-92	箱	100		
4	14679031	传动轴	A601	箱	15		
				合计	185		

制单人:张建国　　　　审核人:刘虎　　　　　　　　　　　第1页 共1页

2014年4月11日下午,信息员李伟根据入库通知单编制编号为RKD09292001的入库单。4月12日上午,该通知单所列的货物到达上海汽配物流中心,供应商上海百琦汽车配件厂的所有物料的出入库和库内保管由上海汽配物流中心仓储部的仓管员周娜负责。

仓管员周娜在入库验收时发现橡胶减震器数量短少1箱,汽车润滑油有2箱破损。物流中心经与上海百琦汽车配件厂确认,短少的货物系上海百琦汽车配件厂漏装。周娜将破损的货物当场退回,供应商承诺第二天将补货送来。周娜将合格货物存放于KF001仓库的暂存区。

4月13日,上海百琦汽车配件厂按时将同样批次的补货送来,具体有橡胶减震器1箱,但汽车润滑油暂时缺货,只送来1箱。仓管员周娜收到货后按实际收货情况完成了入库单的填制。

货物收齐后,仓管员周娜计划将货物统一入库,KF001有四个库区,离出库暂存区由远及近依次为A、B、C、D,每个库区离出库暂存区由近及远的储位编码分别为HW001、HW002、HW003……目前仓库的储位安排及库存情况如下:

储位	物料编号	货品名称	规格	单位	数量	储位最高存放限额
A区HW001储位	14567899	汽车安全带	47-48MM	箱	10	50
A区HW002储位	14567899	汽车安全带	47-48MM	箱	10	50

续表

储位	物料编号	货品名称	规格	单位	数量	储位最高存放限额
A区HW003储位	14567899	汽车安全带	47-48MM	箱	空	50
A区HW004储位	14567899	汽车安全带	47-48MM	箱	空	50
A区HW005储位	14567901	橡胶减震器	W103	箱	10	30
A区HW006储位	14567901	橡胶减震器	W103	箱	空	30
A区HW007储位	14567901	橡胶减震器	W103	箱	空	30
A区HW008储位	14567900	橡胶减震器	W203	箱	空	30
A区HW009储位	14567900	橡胶减震器	W203	箱	空	30
A区HW010储位	14567900	橡胶减震器	W203	箱	10	30
A区HW011储位	14567900	橡胶减震器	W203	箱	空	30
B区HW001储位	14567900	橡胶减震器	W203	箱	30	30
B区HW002储位	14567900	橡胶减震器	W203	箱	20	30
B区HW003储位	14567900	橡胶减震器	W203	箱	2	30
C区HW001储位	14679031	传动轴	A601	箱	5	20
C区HW002储位	14679031	传动轴	A601	箱	空	20
C区HW003储位	14567904	汽车润滑油	DC10-92	箱	空	50
C区HW004储位	14567904	汽车润滑油	DC10-92	箱	空	50
C区HW005储位	14567904	汽车润滑油	DC10-92	箱	空	50
D区HW001储位	14679031	传动轴	A601	箱	空	20
D区HW002储位	14679031	传动轴	A601	箱	空	20
D区HW003储位	14679131	传动轴	A601	箱	空	20

为了优化货位、提高货物拣取效率,货物需要就近出入库,同规格货物每个储位尽量放满。按照此原则,仓管员周娜编制了作业单号为 IB00140172 的储位分配单,交给操作员姜江进行货物入储位作业,作业结果由姜江在储位分配单上进行反馈。

货物上架后,仓管员周娜接到物流中心紧急通知,需要对仓库库位进行调整,要求马上完成移库作业。仓管员周娜编制了移库单,单号为 YKDKF001,具体内容移库要求如下:使用一台叉车,操作工一名,把 B 区橡胶减震器(库负责人:张山)移到 A 区相应的储位上(库负责人:吴丽)。要求按照储位编号从小到大的顺序依次放满。

仓管员周娜将移库单交操作员徐飞负责移库操作,在移库中徐飞使用叉车操作失误,在 B 区储位 HW003 货物下架并进行移库作业时,2 箱橡胶减震器跌落,造成货损,无法继续入库储存。其他 B 区橡胶减震器按照尽量放满的货位储存要求放入 A 区相应储位,徐飞对移库作业进行反馈并回单。

制单要求：

1. 请根据以上资料，以上海汽配物流中心仓管员周娜的身份填制入库单；
2. 请根据以上资料，以上海汽配物流中心仓管员周娜的身份填制储位分配单；
3. 请根据以上资料，以上海汽配物流中心拣货员徐飞身份填制移库单。

（备注：单据填制过程中，各字段的内容须完全以题干中所提供的信息为准；题干中没有提供的信息，均不填）

入库单

入库单号：

仓库编号							
供应商名称		供应商编号			制单时间		
入库通知单编号							
物料名称	物料编号	规格	单位	计划数量	实际数量	批次	备注
仓管员				制单人			

储位分配单

作业单号：

入库单号						仓库编号		
仓管员						日期		
作业明细									
序号	库区	储位	物料名称	物料编号	规格	单位	应放数量	实放数量	备注
制单人					作业人（签字）				

移库单

编号：

下达日期			执行日期		
调用资源					
资源名称	负责人		数量		
货品信息					
品名	单位	源位置	目标位置	应拣数量	实拣数量	实存数量	备注

| 制单人 | | | 移库作业人 | | |

第七题

2014年5月12日8时，海烟物流配送中心客服部收到客户编号为KHBH001的供应商上海烟草（集团）公司的入库通知书，有一批货物即将入库。

应收货物包括：

编号为CPBH001a的利群香烟，30纸箱，24条/箱，批次为20140428；

编号为CPBH001b的中华香烟，50纸箱，24条/箱，批次为20140429；

编号为CPBH001c的熊猫香烟，50纸箱，24条/箱，批次为20140429；

编号为CPBH001d的红双喜香烟，20纸箱，24条/箱，批次为20140502；

编号为CPBH001e的中南海香烟，30纸箱，24条/箱，批次为20140428。

海烟物流信息员钟小雨收到该批货物入库通知单（单号为RKTZD001），编制单号为RKD001的入库单，将该批货物存放于HYWL001库房。

5月13日，上海烟草（集团）公司的入库香烟运达海烟物流配送中心。仓管员杨君在入库验收中发现编号为CPBH001b的货物少送6箱，编号为CPBH001c的货物破损2箱。仓管员杨君经和供应商协商，将破损的2箱货物作拒收处理，由送货人带回。除上述两个问题外，其他货物数量均和入库通知单一致，仓管员杨君当天根据入库通知单和实际收货情况填制入库单。

仓管员杨君把这 5 种香烟交由质检科的质检员梁鑫进行质量检验。2014 年 5 月 13 日下午,仓管员杨君收到由质检员梁鑫开具的质检报告,单号为 QT02013378,内容显示编号为 CPBH001d 的红双喜香烟全部质量不合格(不合格原因为:烟支含末率超过 4.5%),其他四种香烟质量均合格。当日,仓管员杨君根据入库单和质检报告完成如下工作:

(1) 根据物料存放规则和仓库可用货位情况,仓管员杨君计划将质量合格的物料统一入库到编号为 HYWL001 的仓库,库区为:卷烟区,储位 A0001、A0002……A0010。由远及近的顺序为 A0010、A0009……A0001。货物进出库频率依次上升排列为:红双喜、中华、利群、熊猫、中南海。仓管员杨君以此制定了作业单号为 IB00140 的储位分配单,交给搬运员吴杰进行货物入储位作业,作业结果由搬运员吴杰在储位分配单上进行反馈。

(2) 对于质检不合格的物料,仓管员杨君通知搬运组将不合格的物料搬运到编号为 KF003 的仓库隔离区,同时与客服部吴英沟通确认质检结果。客服部吴英根据相关的协议、入库单和质检报告,编制单号为 RT2014021 的退货申请单(其中质检报告中的不合格原因作为退货原因)并通知供应商退货。

制单要求:
1. 请根据以上资料,以海烟物流配送中心仓管员杨君的身份填制入库单;
2. 请根据以上资料,以海烟物流配送中心搬运员吴杰的身份填制储位分配单;
3. 请根据以上资料,以海烟物流配送中心客服部吴英的身份填制退货申请单。
(备注:单据填制过程中,各字段的内容须完全以题干中所提供的信息为准;题干中没有提供的信息,均不填)

入库单

入库单号:

仓库编号								
供应商名称			供应商编号			制单时间		
入库通知单编号								
物料名称	物料编号	规格	单位	计划数量	实际数量	批次	备注	
仓管员				制单人				

储位分配单

作业单号：

入库单号					仓库编号		
仓管员					日期		

作业明细										
序号	库区	储位	物料名称	物料编号	规格	单位	应放数量	实放数量	备注
制单人				作业人(签字)			

退货申请单

退货单号：

客户名称						申请日期		
物料名称	物料编号	规格	单位	退货数量	质检单号	退货原因	备注
制单人		仓库员			第1页 共1页		

第八题

2014年3月16日上午，广州茂庆物流中心订单部客服周玲收到货主广州好运食品有限公司的发货通知单。

广州好运食品有限公司
发货通知单

				发货通知单号：ASN201404160007				
收货客户：广州世纪联华超市新民店						收货地址：广州市中山北路300号		
收货人：魏涛　收货人电话：020-89890012						发货日期：2014年3月17日		

序号	货品编号	货品名称	规格	单位	计划数量	实际数量	备注
1	157878545	嘟嘟苏打饼干	50包/箱	箱	20		
2	115448741	好丽友草莓派	50包/箱	箱	60		
3	115478545	可口可乐300ml	24听/箱	箱	30		
				合计	100		

　　客服周玲将发货通知单交接给仓储部负责广州好运食品有限公司货品的仓管员汤国庆，汤国庆首先根据发货通知单从 WMS 系统查询库存情况，广州好运食品有限公司所有货品都存放在编号为 KF002 的仓库，该货主的所有货品的库存情况如下：

库区	货位	货品编号	货品名称	规格	单位	质量状态	库存数量	批次	入库日期
食品2区	C01001	115448741	好丽友草莓派	50包/箱	箱	正常	80	201403	2014-03-05
食品2区	C01002	115448741	好丽友草莓派	50包/箱	箱	正常	100	201402	2014-02-15
食品2区	C01003	115448741	好丽友草莓派	50包/箱	箱	正常	45	201401	2014-02-05
食品2区	C01004	145454545	好丽友香橙派	50包/箱	箱	正常	100	201403	2014-03-02
食品2区	C01005	145454545	好丽友香橙派	50包/箱	箱	正常	50	201403	2014-01-04
食品2区	C01006	154487874	好丽友巧克力派	50包/箱	箱	正常	40	201403	2014-03-11
食品2区	C01007	154487874	好丽友巧克力派	50包/箱	箱	正常	40	201402	2014-02-15
食品3区	C02001	115478544	可口可乐330ml	24瓶/箱	箱	正常	50	201401	2014-01-05
食品3区	C02002	115478544	可口可乐330ml	24瓶/箱	箱	正常	40	201402	2014-02-05
食品3区	C02003	115478545	可口可乐300ml	24听/箱	箱	正常	10	201403	2014-03-01
食品3区	C02004	115478545	可口可乐300ml	24听/箱	箱	正常	20	201402	2014-02-15
食品3区	C02005	115478546	可口可乐2.5L	12瓶/箱	箱	正常	40	201401	2014-01-05
食品4区	C04002	157878545	嘟嘟苏打饼干	50包/箱	箱	正常	100	201402	2014-02-05
食品4区	C04003	157878545	嘟嘟苏打饼干	50包/箱	箱	正常	100	201401	2014-01-17

　　仓管员汤国庆根据发货通知单，按货物入库时间先入先出（入库时间一致时，再考虑批次）的原则，于 2014 年 3 月 17 日编制了作业单号为 PK2014040016 的拣货单并制作了编号为 CKD120217001 的出库单。其中拣货单交给拣货组拣货员江陵进行拣货作业。

　　当天下午，拣货员江陵按拣货单进行拣货作业时，发现 C02004 储位上有 2 箱货物因为保管不当,货物跌落造成瘪听,影响销售。拣货员马上联系仓管员汤国庆,由汤国庆与货主沟通,货主同意这两箱有问题的货物先不出货,按目前仓库能满足的数量进行出库操作。江陵按照货主要求完成拣货并根据拣货情况对拣货单进行反馈。

仓管员汤国庆对拣出货物进行复核,对出库单进行反馈,并于当天下午把出库单和出库的货品一起交给配送部,由配送部进行配送。

由于连续的几天大雨,使得库房排雨管排雨不畅,反流入库内,造成部分商品受潮。物流中心采取措施,对整个库房进行一次盘点,盘点方式为明盘。2014 年 03 月 19 日上午,仓管员汤国庆根据库存对广州好运食品有限公司所有货品按库区分别编制了食品 2 区(盘点单号:ST0004005)、食品 3 区(盘点单号:ST0003002)和食品 4 区(盘点单号:ST0003003)共三张盘点单,盘点员陈晓晓负责食品 2 区、盘点员方明负责食品 3 区、张华负责食品 4 区。其中食品 3 区的库存情况如下:

库区	货位	货品编号	货品名称	规格	单位	质量状态	库存数量	批次	入库日期
食品3区	C02002	115478544	可口可乐 330 ml	24瓶/箱	箱	正常	40	201402	2014-02-05
食品3区	C02003	115478545	可口可乐 300 ml	24听/箱	箱	正常	80	201403	2014-03-01
食品3区	C02004	115478545	可口可乐 300 ml	24听/箱	箱	正常	80	201403	2014-03-15
食品3区	C02005	115478546	可口可乐 2.5 L	12瓶/箱	箱	正常	20	201401	2014-01-05

盘点员方明经过盘点发现 C02002 有 1 箱货物外包装破损,C02004 多 2 箱货物,其他货物实际情况与账面相符。

制单要求:

1. 请根据以上资料,以广州茂庆物流中心拣货员江陵的身份填制拣货单;
2. 请根据以上资料,以广州茂庆物流中心仓管员汤国庆的身份填制出库单;
3. 请根据以上资料,请以广州茂庆物流中心盘点员方明的身份填制食品 3 区的盘点单。

(备注:单据填制过程中,各字段的内容须完全以题干中所提供的信息为准;题干中没有提供的信息,均不填)

拣货单

作业单号:

货主名称		出库单号	
仓库编号		制单日期	

货品明细									
序号	库区	储位	货品编号	货品名称	规格	单位	应拣数量	实拣数量	备注

续 表

序号	库区	储位	货品编号	货品名称	规格	单位	应拣数量	实拣数量	备注

| 制单人 | | | | 拣货人 | | | | | |

出库单

出库单号：

货主名称					发货通知单编号				
收货客户					发货日期				
收货地址				收货人			收货人电话		
货品编号	货品名称	规格	单位	计划数量	实际数量	收货人签收数量	备注

| 仓管员 | | 制单人 | | 收货人 | |

盘点单

盘点单号：

| 仓库编号 | | | | 制单日期 | | | | | |

货品信息									
库区	储位	货品编号	货品名称	规格	单位	系统库存情况	实际数量	盈亏数量	损坏数量	备注

| 制单人 | | | | 盘点人(签字) | | | |

第九题

2014年3月16日,上海万象物流中心订单部计划员李圆圆收到货主上海金典日化有限公司的发货通知单,发货通知单信息如下:

上海金典日化有限公司
发货通知单

收货客户:上海家乐福有限公司			发货通知单号:ASN201403160001			
收货人:鲍中新 收货人电话:021-38355342			收货地址:上海市长江西路199号家乐福长江店 发货日期:2014年3月17日			
序号	货品编号	货品名称	规格	单位	计划数量	实际数量	备注
1	YMP10-021Q	50g金典迷你香皂	50g	箱	50		
2	NHP36-202C	500ml金典丝瓜水	500ml	箱	30		
3	NHP36-268C	100g金典深层净化洗面乳	100g	箱	60		
4	NWQ10-359T	600ml金典去屑洗发露	600ml	箱	20		
				合计	160		
制单人:李博		审核人:王亮亮			第1页 共1页		

计划员李圆圆将发货通知单交接给仓储部专门负责上海金典日化有限公司货品的仓管员王强。另外,客户来电强调100g金典深层净化洗面乳要求配2014年12月1日以后生产的产品。王强首先根据发货通知单查询库存情况,上海金典日化有限公司所有货品都存放在编号为KF010的仓库,该货主所有货品的库存情况如下:

库区	储位	货品编号	货品名称	规格	单位	质量状态	库存数量	批次	入库日期
日用品3区	R03011	XSP26-991C	250ml金典沐浴乳	250ml	箱	正常	45	20131202	2013-12-24
日用品3区	R03012	XSP26-991C	250ml金典沐浴乳	250ml	箱	正常	45	20131201	2013-12-05
日用品3区	R03013	YMP10-021Q	50g金典迷你香皂	50g	箱	正常	40	20131123	2013-11-02
日用品3区	R03014	YMP10-021Q	50g金典迷你香皂	50g	箱	正常	40	20140103	2014-01-04
日用品4区	B01001	NHP36-202C	500ml金典丝瓜水	500ml	箱	正常	40	20131101	2013-11-02
日用品4区	B01002	NHP36-202C	500ml金典丝瓜水	500ml	箱	正常	40	20131209	2013-12-19

续表

库区	储位	货品编号	货品名称	规格	单位	质量状态	库存数量	批次	入库日期
日用品5区	C02001	NHP36-268C	100 g金典深层净化洗面乳	100 g	箱	正常	45	20131212	2013-12-29
日用品5区	C02002	NHP36-268C	100 g金典深层净化洗面乳	100 g	箱	正常	35	20131107	2013-11-14
日用品5区	C02003	NHP36-268C	100 g金典深层净化洗面乳	100 g	箱	正常	30	20131001	2013-10-04
日用品5区	C02004	NHP36-268C	100 g金典深层净化洗面乳	100 g	箱	正常	45	20131210	2013-12-11
日用品5区	C08003	NWQ10-359T	600 ml金典去屑洗发露	600 ml	箱	正常	40	20140102	2014-01-05
日用品5区	C09003	NWQ10-359T	600 ml金典去屑洗发露	600 ml	箱	次品	40	20131111	2013-11-17

注：商品批次同商品出厂日期。

仓管员王强根据以上库存信息和按批次先后顺序的出库规则，于2014年3月17日编制了作业单号为PK2014030025的拣货单和ZYBH2014030025的出库单，其中拣货单交给拣货组拣货员薛超进行拣货作业。当天12:30，拣货员薛超按拣货单完成了所有的拣货作业并根据拣货情况对拣库单进行反馈。

14:00，上海万象物流中心收到上海金典日化有限公司发来的一批货物：
500 ml金典丝瓜水，NHP36-202C，500 ml，100箱，批号：20140315
100 g金典深层净化洗面乳，NHP36-268C，100 g，50箱，批号：20140315

信息员陈鹏收到该批货物编号为RKTZD001的入库通知单，编制作业计划单号为RKD001的入库单。仓管员王强对货物进行验收，确认100 g金典深层净化洗面乳数量短少5箱，经与上海金典日化确认后，按实际货物数量进行入库作业，进入编号为KF010的仓库，并在入库单上进行了反馈。随后，由操作员将500 ml金典丝瓜水上架至日用品4区的B01003、B01004两个储位；将100 g金典深层净化洗面乳上架至日用品5区的C02005，每个储位可放置50箱。

当日17:30，仓管员王强接到KF010仓库的负责人康帅的指令，要求将日用品3区中的50 g金典迷你香皂，全部移至日用品5区的C09004储位。王强随即指派库工任志杰使用电瓶叉车一辆完成移库任务。任志杰在移库作业中发现移库作业的商品原位置的数量短少2箱，在完成移库任务后，他立即报告仓管员王强，并在编号为YDK005的移库单上做好记录。移库完毕后，由王强负责回单。

根据公司日清日结的规定，2014年3月17日下班前，仓管员王强根据库存对上海金典日化有限公司KF010库房所有货品编制了日用品5区的盘点单（编号：ST0003005），并将日用品5区的盘点单交给理货组理货员肖迪进行盘点，盘点方式为明盘。理货员肖迪经过盘点发现全部库存准确，理货员肖迪将实际盘点结果在盘点单上进行反馈。

制单要求：

1. 请以上海万象物流中心仓管员王强的身份编制拣货单；

2. 请以上海万象物流中心仓管员王强的身份填制移库单；
3. 请以上海万象物流中心理货员肖迪的身份填制日用品5区的盘点单。

(备注：单据填制过程中，各字段的内容须完全以题干中所提供的信息为准；题干中没有提供的信息，均不填)

拣货单

作业单号：

货主名称					出库单号			
仓库编号					制单日期			
货品明细								
序号	库区	储位	货品编号	货品名称	规格	单位	应拣数量	实拣数量	备注
制单人					拣货人			

移库单

编号：

下达日期			执行日期		
调用资源					
资源名称		负责人		数量	
货品信息							
品名	单位	源位置	目标位置	应拣数量	实拣数量	实存数量	备注
制单人			移库作业人		

盘点单

盘点单号：

仓库编号						制单日期				
货品信息										
库区	储位	货品编号	货品名称	规格	单位	系统库存情况	实际数量	盈亏数量	损坏数量	备注
制单人						盘点人（签字）				

第十题

宁通物流有限公司在南京仙林大学城里建立了一个主要配送饮料、休闲食品的配送中心，主要为南京应天学院、南京工业大学、南京师范大学、南京邮电大学、南京中医药大学等五家校内江苏教育连锁超市门店服务。该配送中心的 KF001 仓库的参数如下：

【仓库基本资料】

仓库规格：三排托盘货架，每排货架共 3 个截面，每个截面有 2 层，托盘货架区共计 18 个储位。层数安排如第一排货位图中所示。

仓库储位存放规则：

（1）每一储位只允许放置一个托盘；
（2）不同批次货品不允许放在同一储位；
（3）每一截面放同一品名的货品，同一截面存放时，遵循先底层后上层的原则；
（4）两个截面遵循先左侧后右侧的原则，逐一放满；
（5）两个排之间，先前排（数字小的）再后排（数字大的）的原则。

【仓库库存情况】

食品区

第一排货位

（二层） Hw010201 （王老吉凉茶，满托，20140102）	Hw010202 空	Hw010203 空
（底层） Hw010101 空	Hw010102 空	Hw010103 （统一冰红茶，15箱，20140201）

第二排货位

Hw020201 空	Hw020202 空	Hw020203 空
Hw020101 空	Hw020102 空	Hw020103 （蒙牛纯牛奶，满托，20140130）

第三排货位

Hw030201 （蒙牛纯牛奶，满托，20140203）	Hw030202 空	Hw030203 空
Hw030101 空	Hw030102 （北京红牛，满托，20140145）	Hw030103 （伊利纯牛奶，250 ml×24包，20箱，20140123）

宁通物流有限公司配送中心的仓库信息员王虎在2014年3月17日收到入库通知单（编号RKTZD001），编制作业计划号为RKD001的入库单。入库通知单所涉及的货品已由货主南京教育后勤中心委托百联货运送到KF001仓库，现在需要进行入库作业，其货物相关信息如下：

入库通知单

入库通知单编号：RKTZD001

品名	编号	数量（箱）	规格	批次	出库量	储位规格
王老吉凉茶	CPBH01	60	310 ml×24罐	20140214	30箱/天	30箱/托
北京红牛	CPBH02	30	250 ml×24罐	20140130	15箱/周	45箱/托
统一绿茶	CPBH03	40	500 ml×15瓶	20140210	15箱/天	28箱/托
统一冰红茶	CPBH04	56	490 ml×15瓶	20140210	20箱/天	28箱/托
蒙牛纯牛奶	CPBH05	40	250 ml×24包	20140101	10箱/天	40箱/托

但在入库验收过程中，仓管员王刚发现编号为CPBH05的蒙牛纯牛奶因为临近保质期，

要求退货。仓管员王刚立即编制了作业计划号为CKD001的退货申请单,要求苏果超市马群配送中心全部退货,退货原因为商品临近保质期。仓管员王刚将其他合格产品放置暂存区,等货物到齐后由操作员吴争进行上架入库作业。

当日14时,南京教育后勤中心将需要调换的蒙牛纯牛奶如数(批次为20140310)送到,仓管员王刚检验合格后,将所有货物都放在KF001相应的储位上。仓管员王刚根据目前仓库储位情况编制编号为CWFPD0001的储位分配单。

14日,仓库收到一份发货通知单。

南京教育后勤中心
发货通知单

收货客户:南京应天学院教育连锁超市					发货通知单号:ASN201404160007		
收货人:周迅 收货人电话:0755-89388823					收货地址:南京市浦江安龙路300号		
					发货日期:2014年3月17日		

序号	货品编号	货品名称	规格	单位	计划数量	实际数量	备注
1	CPBH01	王老吉凉茶	310 ml×24罐	箱	5		
2	CPBH02	北京红牛	250 ml×24罐	箱	2		
3	CPBH03	统一绿茶	500 ml×15瓶	箱	2		
4	CPBH06	伊利纯牛奶	250 ml×24包	箱	5		
				合计	14		

仓管员王虎根据发货通知单,按货物批次先入先出,相同批次则按照先下后上的原则进行拣货,于2014年3月17日编制了作业单号为PK2014040016的拣货单和OC2014040013的出库单,其中拣货单交给拣货组拣货员赵宏博进行拣货作业。当天下午,拣货员赵宏博按拣货单进行拣货作业时,发现Hw010201储位上有2箱货物因为保管不当,外包装出现破损,部分商品有瘪听现象。拣货员马上联系仓管员王虎,由王虎与收货人沟通。南京应天学院教育连锁超市同意接受这两箱货品。赵宏博按照货主要求完成拣货并根据拣货情况在拣货单上进行了反馈。

18:00,接到仓库经理的指令,由于近期奶制品遭受三氯氰胺污染,故将对本仓库所有库存的奶制品进行盘点,盘点方式为盲盘,王虎编制编号为PDD001的盘点单,由黄梅担任盘点人。盘点中,没有发现货物数量与质量异常。

制单要求:

1. 请以宁通物流有限公司仓库仓管员王刚的身份编制储位分配单;
2. 请以宁通物流有限公司仓库拣货员赵宏博的身份填制拣货单;
3. 请以宁通物流有限公司仓库盘点员黄梅的身份完成奶制品的盘点单的填制。

(备注:单据填制过程中,各字段的内容须完全以题干中所提供的信息为准;题干中没有提供的信息,均不填。)

储位分配单

作业单号：

入库单号		仓库编号	
仓管员		日期	

作业明细											
序号	库区	储位	物料名称	物料编号	规格	单位	应放数量	实放数量	备注

制单人		作业人（签字）	

拣货单

作业单号：

货主名称		出库单号	
仓库编号		制单日期	

货品明细										
序号	库区	储位	货品编号	货品名称	规格	单位	应拣数量	实拣数量	备注

制单人		拣货人	

盘点单

盘点单号：

仓库编号						制单日期				
货品信息										
库区	储位	货品编号	货品名称	规格	单位	系统库存情况	实际数量	盈亏数量	损坏数量	备注
制单人					盘点人(签字)					

第二部分　运输单证制作

第一题

2014年12月22日9:00,广州捷达物流有限公司客服周明明收到客户广州元通电子发展有限公司的发货指令:

运单号	YD201412001	客户编号	GZYT0188
托运人	广州元通电子发展有限公司(联系人:王晓玲;联系电话:020-20948928;地址:广州市朝阳区中山路67号;邮编:510023)		
包装方式	纸箱		
货物详情	电子仪器100箱,每箱重量30 kg,每箱体积0.028 m^3		
收货人	中山肯高科技发展有限公司(联系人:林山;联系电话13464747483;地址:中山市河西区中路53号;邮编:528420)		
托运要求	(1) 要求上门取货和送货,取货地信息与托运人联系信息相同,送货地信息与收货人联系信息相同; (2) 取货时间12月22日18:00之前; (3) 要求货物于12月23日19:00前送达客户手中; (4) 凭客户签字的运单作为回执; (5) 托运人账号:7788494949494		
结算	(1) 结算方式:月结; (2) 此批货物为重货,运费计算公式为:吨公里运价×运距×吨重量; (3) 取货费150元和送货费用50元		
投保	此批货物投保,货值为100000元,保险费为货值的0.5%		

周明明审核完客户的业务申请后,将订单提交给调度宋琴进行操作,宋琴根据车辆、作业等情况,编制计划单号为YSJH20141201的运输计划。

调度宋琴查阅全国主要城市间公路里程表后得知:广州到中山距离118千米。

宋琴制定运输计划后,根据货物情况,作业路线和公司现有运力情况,安排取货车辆和司机,同时编制了货物的取货通知单,单号为QHTZ20141203。取货货运员齐明被安排到取货地收取货物。取货司机王飞,取货车辆为3.2米箱车,车牌号为粤W00398,车容8 m^3,载重3.8吨。宋琴要求取货货运员12月22日14时从公司出发,18时前返回。

12月22日14:20,取货货运员齐明到取货地收取托运单号为YD201412001的货物,并根据收取货物的实际情况填写运单号为YD20140091501的公路货物运单,并请托运人核对运单信息,并在运单的"托运人签字"一栏中签字确认。

广州捷达物流有限公司的公路运输运价如下表所示:

货物类型 \ 运价	公布运价
重货	1.2元/吨公里
轻泡货	1.1元/立方米公里

制单要求:

1. 请以广州捷达物流有限公司调度员宋琴的身份填制取货通知单;
2. 请以广州捷达物流有限公司货运员齐明的身份填制公路货物运单。

(备注:单据填制过程中,各字段的内容须完全以题干中所提供的信息为准;题干中没有提供的信息,均不填)

取货通知单

单号					
货运员			出发时间		
车牌号			返回时间		
客户信息					
顺序	托运单号	托运人	地址	电话	姓名	邮编
货物信息					
托运单号	货物名称	件数(件)	重量(kg)	体积(m³)	包装方式
总数量		件	总重量	kg	总体积	m³
填表人			填表时间		

公路货物运单

运单号码					
托运人姓名			收货人姓名		电话
托运人单位		电话	收货人单位		
托运人详细地址			收货人详细地址		
托运人账号		邮编	收货人账号		邮编
取货地联系人姓名		单位	送货地联系人姓名		单位
取货地详细地址		邮编	送货地详细地址		邮编
起运日期	年 月 日 时		要求到货日期	年 月 日 时	
	是否取送	取货 送货	是否要求回机	是 否	客户单据 运单
始发站		目的站	取货人签字	年 月 日 时 分	
运距	公里	全行程 公里	托运人或代理人签字或盖章 实际发货件数	年 月 日 时 件 分	
路由			收货人或代理人签字或盖章 实际发货件数	年 月 日 时 件 分	
货物名称	包装方式 件数 计费重量(kg) 体积(m³)		送货人签字	年 月 日 时 分	
合计			备注:		
收费项	运费 取/送货费 杂费 投保 保险费 费用小计				
费用金额(元)					
运杂费合计(大写)	万 仟 佰 拾 元 角				
	不投保 投保金额 元				
	结算方式	月结 付费账号 预付款 元			
	现结 到付				
受理日期	年 月 日 时 分		受理单位		
制单人					

第二题

2014年1月16日10:00,上海大航物流有限公司客服裘小雨收到上海盛嘉贸易有限公司的一单运输委托,具体信息如下:

运单号	YD2014011601	客户编号	JSMY290
托运人	上海盛嘉贸易有限公司(联系人:宋小玲;联系电话:021-262908514;地址:上海市长宁区长虹路1167号;邮编:200023)		
包装方式	木箱		
货物详情	汽车配件100A45,25 kg/箱,50×30×40 cm³/箱,数量10箱; 汽车配件100B37,22 kg/箱,50×35×45 cm³/箱,数量8箱; 汽车配件100D87,20 kg/箱,45×45×60 cm³/箱,数量10箱		
收货人	天津大众4S南开店(联系人:娄少文;联系电话022-51208787;地址:天津南开区江津大街136号;邮编:300230)		
托运要求	(1) 要求上门取货和送货,取货地信息与托运人联系信息相同,送货地信息与收货人联系信息相同; (2) 取货时间1月16日14:00之前; (3) 要求货物于2014年1月17日18:00前到货; (4) 凭客户签字的运单作为回执; (5) 托运人账号:620127810001		
结算	(1) 结算方式:月结; (2) 此批货物为重货,运费计算公式为:吨公里运价×运距×吨重量; (3) 取货费100元、送货费用100元、杂费100元		
投保	此批货物不投保		

当日10:30,客服裘小雨又收到其他公司的两单运输委托,具体信息如下:

运单号	YD2014011602	客户编号	SHXY451
托运人	上海翔宇印刷公司(联系人:许智梦;联系电话:021-69201454;地址:上海市仙霞路170号10层;邮编:200336)		
包装方式	纸箱		
货物详情	广告宣传册,总重量300 kg,总体积约为0.4 m³,数量15箱		
收货人	上海翔宇印刷公司徐州办事处(联系人:周俊华;联系电话:0516-6178109;地址:江苏省徐州市正阳路2566号;邮编:221030)		

续　表

托运要求	(1) 要求上门取货,取货地信息与托运人联系信息相同; (2) 取货时间 1 月 16 日 15:00 之前; (3) 客户自提; (4) 凭客户签字的运单作为回执; (5) 托运人账号:6201278100321
结算	(1) 结算方式:月结; (2) 此批货物为轻泡货,运费计算公式为:立方米公里运价×运距×体积; (3) 取货费 150 元
投保	此批货物不投保

运单号	YD2014011603	客户编号	SHXY451
托运人	上海银河电器有限公司(联系人:史金娣;联系电话:021-59105656;地址:上海市棕榈路 138 号;邮编:200333)		
包装方式	纸箱		
货物详情	电风扇,总重量 400 kg,单件体积约为 0.06 m^3,数量 40 箱		
收货人	徐州永乐电器商行(联系人:胡文江;联系电话:0516-8102781;地址:江苏省徐州市中山路 106 号;邮编:221001)		
托运要求	(1) 客户自提自送; (2) 凭客户签字的运单作为回执; (3) 托运人账号:6201278100125		
结算	(1) 结算方式:现结; (2) 此批货物为轻泡货,运费计算公式为:立方米公里运价×运距×体积		
投保	此批货物需要投保		

　　裘小雨审核完客户的业务申请后,将三单业务提交给运输调度付俊豪进行操作,付俊豪根据车辆、作业等情况,编制计划单号为 YSJH1401001 的运输计划,并发送指令给场站调度马威。此三单业务计划均于 1 月 16 日通过申徐津线执行运输。

　　由于运单号 YD2014011603 的货物需要投保,由大航物流保险员肖琴代办公路货物运输险投保手续。货物投保基本险,投保金额为 150000 元,保险费率为货值的 0.3‰,保险公司为中华保险公司。

　　大航物流自有班车申徐津线的信息如下:班车编号 SH0001,车牌号沪 ED128,10.8 米货柜车,车容 38 m^3,载重 15 吨。随车司机是钟煜,联系方式 13910056927。

　　2014 年 1 月 16 日,申津徐线的班车完成于 20:00 集货,装车时间为 2014 年 1 月 16 日 21:30,于 23:00 发车,1 月 17 日 5:00 到达徐州站。

班车抵达徐州站后,徐州站场站调度员何沙将运单号为 YD2014011602、YD2014011603 的货物卸下,并将另一批货物安排装车,随车运往天津。

货物信息如下:

运单号	YD2014011704	客户编号	SZSH032
托运人	徐州双汇肉食品公司(联系人:杨宇迪;联系电话:0516-4556106;地址:徐州人民路256号;邮编:221893)		
包装方式	袋装		
货物详情	双汇火腿肠,50袋,50千克/袋,总体积 2 m^3		
收货人	天津第一食品商场(联系人:黄伟;联系电话:022-81002781;地址:天津劝业场111号;邮编:300231)		
托运要求	(1) 客户自提自送; (2) 凭客户签字的运单作为回执; (3) 托运人账号:5101242551771		
结算	(1) 结算方式:现结; (2) 此批货物为重货,运费计算公式为:吨公里运价×运距×吨重量		
投保	此批货物需要投保		

1月17日7:00,申徐津线上完成了卸车和装货,班车从徐州站出发,并于当日12:00时左右到达天津站。徐州站调度何沙向天津站发出编号为 DHYBB004 的到货预报表。

上海至徐州道路里程约为780千米,徐州至天津道路里程约220千米。

上海大航物流有限公司的公路运输运价如下所示:

货物类型 \ 运价	公布运价
重货	1.25元/吨公里
轻泡货	1.05元/立方米公里

制单要求:

1. 请以上海大航物流有限公司保险员肖琴的身份填制国内货物运输险投保单;
2. 请以上海大航物流有限公司调度员付俊豪的身份填制运输计划;
3. 请以徐州站调度员何沙的身份填制到货预报表,并向天津站发送。

(备注:单据填制过程中,各字段的内容须完全以题干中所提供的信息为准;题干中没有提供的信息,均不填)

国内货物运输险投保单

编号：

我处下列货物拟向你处投保国内货物运输保险：

被保险人					
标记或发票号码	保险货物名称	件数	提单或通知单号次		保险金额
运输工具（及转载工具）	约于	年	月	日 起运	赔款偿付地点
运输路线	自	经	到		转载地点
要保险别	基本险	附加险别	基本险费率(‰)		附加险费率(‰)
投保单位（签章）					
		年	月		日

运输计划

发运时间：　　　年　　月　　日　　编号：

车牌号		核载（吨）		车容(m³)		—	始发站	经停站	目的站
计费里程(km)		司机姓名		联系方式		到达时间			
全行程(km)		备用金（元）		预计装载量(kg)		发车时间			

经停站										
发货人	发货地址	货物名称	包装	数量(件)	重量(kg)	体积(m³)	收货人	收货地址	收货时间	备注

目的站										
发货人	发货地址	货物名称	包装	数量(件)	重量(kg)	体积(m³)	收货人	收货地址	收货时间	备注

到货预报表

单据号		始发站		发车时间	
班车编号		到达站		到站时间	
车牌号		司机姓名		联系方式	
总数量	件	总重量	kg	总体积	m³

序号	运单号	客户名称	客户订单号	货物名称	包装	终点站	收货人地址	件数(件)	重量(kg)	体积(m³)	备注
合计											

填表人：　　　　　　　　　　　　　　　　　填表时间：

第三题

2014年3月20日8:00，华通物流有限公司(简称华通)客服人员陈琳收到客户编号为KH002的上海嘉嘉电子有限公司(简称嘉嘉电子)的发货通知，要求以客户签字的运单作为回执单，运费月结。

嘉嘉电子托运的货物情况如下：

运单号	YD0011
托运人	上海嘉嘉电子有限公司(联系人：周建兴经理；联系电话：021-64351003；地址：上海紫荆路北段1号；邮编：200023)
包装方式	纸箱
货物详情	西门子电冰箱20箱，总重800 kg，体积3.8 m³
收货人	北京华联大卖场朝阳店(联系人：任真；联系电话：010-72561099；地址：北京朝阳路23号；邮编：110020)
托运要求	(1) 要求3月21日18:00之前到嘉嘉电子取货； (2) 要求货物于22日19:00前送达客户手中

之后,陈琳又收到了上海美华有限公司的发货通知,内容如下:

运单号	YD0013
托运人	上海美华有限公司(联系人:成军经理;联系电话:021-56348790,地址:上海市开阳路12号;邮编:200013)
包装方式	纸箱
货物详情	索尼手机2300,20箱,重100 kg,体积0.8 m³
收货人	天津美华销售处(联系人:王广;联系电话:022-71233445,地址:天津市建国西路13号;邮编:300020)
托运要求	(1) 要求3月21日17:00之前到上海美华取货; (2) 要求货物于23日09:00前送达客户手中

2014年3月20日8:45,接到经理周建兴来电,所托运的西门子电冰箱增加20箱,其他托运信息不变。客服肖华在最终审核、修改完这两个客户的业务申请后,将订单提交给调度田大国进行操作。

3月21日11时,调度田大国根据车辆、作业等情况,编制了计划单号为YSJH5790001的运输计划,该运输计划包含了单号为YD0011、YD0013两张托运单内的货物。

同时,调度田大国根据作业路线等情况编制了这两批货物的取货通知单,取货通知单号为QHTZ4560033,要求货运员3月21日12时从公司出发,17时前返回,按客户嘉嘉电子、上海美华的顺序取货,并安排货运员程已执行该取货作业。

3月21日13时,货运员程已到取货地收取嘉嘉电子的货物,点验所托运货物,查无包装及数量等异常后,填制运单号为YD0011的公路货物运单,并请托运人核对运单信息,并在运单的"托运人签字"一栏中签字确认。

3月21日15时,货运员程已到取货地收取托运单号为YD0013的货物,点验所托运货物,发现缺少2件,经与客户沟通后,按实际数量托运,其他信息不变。查无其他异常后,填制运单号为YD0013的公路货物运单,并请托运人核对运单信息,并在运单的"托运人签字"一栏中签字确认。

3月21日17时,货运员程已回到公司,并告知调度田大国完成集货作业,无异常情况。
华通公司现有运力资源如下:

姓名	车牌号	联系方式	货厢尺寸(长、宽、高)	车容(m³)	核载(t)	货厢类型	运作线路
刘大成	沪G93939	13000099999	4.2×1.8×1.9	12	4	全厢	市内取货
蒋玉	沪G87474	13989998888	7.2×2.3×2.5	35	10	全厢	市内取货
王文贵	沪A90591	13288801762	4.2×1.8×1.9	12	3	全厢	沪—津—京
王广云	沪A61021	13539974852	5.2×2.15×2.3	22	6.5	全厢	沪—津—京
段其成	沪G60761	13760728218	7.2×2.3×2.5	35	10	全厢	沪—津—京

沪津京班车所有货物于2014年3月21日19时装车,吴甜甜负责装车发货,封号为FH001,备用金0元。预计20时发车出站,次日5时到达天津,7时从天津出发,预计9时到达北京。班车运输运距为上海至天津894千米,天津至北京230千米。调度田大国制作相应的到货预报表(编号为YSJJD001)发送给天津站调度胡月。班车到达天津站后,胡月经查验车辆的施封正常。

制单要求:
1. 请以华通物流有限公司调度田大国的身份编制运输计划;
2. 请以华通物流有限公司货运员程已的身份编制运单号为YD0013的公路货物运单。

(备注:单据填制过程中,各字段的内容须完全以题干中所提供的信息为准;题干中没有提供的信息,均不填)

运输计划

发运时间:　　　　　年　　　月　　　日　　　编号:

车牌号		核载(吨)		车容(m³)		—	始发站	经停站	目的站
计费里程(km)		司机姓名		联系方式		到达时间			
全行程(km)		备用金(元)		预计装载量(kg)		发车时间			
经停站									
发货人	发货地址	货物名称	包装	数量(件)	重量(kg)	体积(m³)	收货人	收货地址	收货时间	备注
目的站										
发货人	发货地址	货物名称	包装	数量(件)	重量(kg)	体积(m³)	收货人	收货地址	收货时间	备注

公路货物运单

运单号码								
托运人姓名			电话					
单位								
托运人详细地址			邮编					
托运人账号			单位					
收货人姓名			电话					
单位								
收货地详细地址			邮编					
收货人账号			单位					
送货地联系人姓名			邮编					
电话								
送货地详细地址								

起运日期	年	月	日	时	要求到货日期	年	月	日	时
始发站		目的站		是否取送		是否要求回执			
运距	公里	全行程	公里	取货	送货	运单	客户单据		
路由				否					

货物名称	包装方式	件数	计费重量(kg)	体积(m³)	费用小计
合计					

取货人签字	年	月	日	时	分
托运人或代理发货人签字或盖章	年	月	日	时	分
实际发货件数					件
收货人或代理发货人签字或盖章	年	月	日	时	分
实际发货件数					件
送货人签字	年	月	日	时	分

收费额	运费				元	角	备注：
费用合计(元)	不投保						
	投保	保险费			元		
	投保金额(大写)	万	仟	佰	拾	元	
运杂费合计(元)	杂费						

结算方式		预付款					元
现结	月结						
到付	付费账号						

制单人		受理日期	年	月	日	时	受理单位

第四题

2014年3月20日8:00，华通物流有限公司（简称华通）客服人员陈琳收到客户编号为KH002上海嘉嘉电子有限公司（简称嘉嘉电子）的几单发货通知，要求以客户签字的运单作为回执单，运费月结。

嘉嘉电子托运的货物情况如下：

运单号	YD0021
托运人	上海嘉嘉电子有限公司（联系人：周建兴；联系电话：021-64351003；地址：上海紫荆路北段1号；邮编：200023）
包装方式	纸箱
货物详情	海尔液晶电视机XU102，100箱，总重1500 kg，体积5.6 m³
收货人	北京香香电器商城（联系人：张博；联系电话：010-7256109；地址：北京苍梧路23号；邮编：110005）
托运要求	(1) 要求3月21日18:00之前到嘉嘉电子取货； (2) 要求货物于22日15:00前送达客户手中

运单号	YD0011
托运人	上海嘉嘉电子有限公司（联系人：周建兴；联系电话：021-64351003；地址：上海紫荆路北段1号；邮编：200023）
包装方式	纸箱
货物详情	西门子电冰箱20箱，总重800 kg，体积3.8 m³
收货人	北京华联大卖场朝阳店（联系人：任真；联系电话：010-7256109；地址：北京朝阳路23号；邮编：110020）
托运要求	(1) 要求3月21日18:00之前到嘉嘉电子取货； (2) 要求货物于22日19:00前送达客户手中

运单号	YD0012
托运人	上海嘉嘉电子有限公司（联系人：周建兴；联系电话：021-64351003；地址：上海紫荆路北段1号；邮编：200023）
包装方式	纸箱
货物详情	夏普液晶电视机LEX-201，60箱，每箱15 kg，外箱尺寸40×50×45 cm³
收货人	苏宁电器白云店（联系人：管丽华；联系电话：020-71233445；地址：广州白云路133号；邮编：510020）
托运要求	(1) 要求3月21日18:00之前到嘉嘉电子取货； (2) 要求货物于22日19:00前送达客户手中

之后，又收到上海美华有限公司发来的发货通知，内容如下：

运单号	YD0013
托运人	上海美华有限公司(联系人:成军;联系电话:021-56348790;地址:上海市开阳路12号;邮编:200013)
包装方式	纸箱
货物详情	索尼手机2300,20箱,重100 kg,体积0.8 m³
收货人	天津美华销售处(联系人:王广;联系电话:022-71233445;地址:天津市建国西路13号;邮编:300020)
托运要求	(1) 要求3月21日17:00之前到上海美华取货; (2) 要求货物于23日09:00前送达客户手中

2014年3月20日8:45,接到经理周建兴来电,所托运的西门子电冰箱增加20箱,其他托运信息不变。

客服肖华在最终审核、修改完这两个客户的业务申请后,将订单提交给调度田大国进行操作。

3月21日11时,调度田大国根据车辆、作业等情况,编制计划单号为YSJH5790001的运输计划,该运输计划中包含单号为YD0021、YD0011、YD0013三张托运单内的货物,由沪—津—京班车执行运输。

同时,调度田大国根据作业路线等情况编制了这四批货物的取货通知单,单号为QHTZ4560033,要求货运员3月21日12时从公司出发,17时前返回,按客户嘉嘉电子、上海美华的顺序取货,并安排货运员程已执行该取货作业。

3月21日13时,货运员程已到取货地收取上海嘉嘉的货物,点验所托运货物,查无包装及数量等异常后,填制运单号为YD0021的公路货物运单,并请托运人核对运单信息,并在运单"托运人签字"一栏中签字确认。

3月21日15时,货运员程已到取货地收取托运单号为YD0013的货物,点验所托运货物,发现缺少2件,经与客户沟通后,按实际数量托运。其他信息不变。经检查无其他异常后,填制运单号为YD0013的公路货物运单,并请托运人核对运单信息,并在运单"托运人签字"一栏中签字确认。

3月21日17时,货运员程已回到公司,并告知调度田大国完成集货作业,无异常情况。

由于3月20日货量大,上海辉辉有限公司送来原定20日发往北京思科影像器材商店(北京市朝阳区朝阳路2号)的货物未安排上车,货物是摄影包,20箱,重400 kg,体积2.8 m³,运单号为YD009。准备21日晚,与当天同线路的货物一起发运。

华通公司现有运力资源如下:

姓名	班车编号	车牌号	联系方式	货厢尺寸(长、宽、高)	车容(m³)	核载(T)	货厢类型	运作线路
刘大成	A001	沪G93939	13000099999	4.2×1.8×1.9	22	5	全厢	市内取货
蒋玉	A002	沪G87474	13989998888	7.2×2.3×2.5	35	10	全厢	市内取货
王文贵	B001	沪A90591	13288801762	4.2×1.8×1.9	12	3	全厢	沪—津—京
王广云	B002	沪A61021	13539974852	5.2×2.15×2.3	22	6.5	全厢	沪—津—京
段其成	B003	沪G60761	13760728218	7.2×2.3×2.5	35	10	全厢	沪—穗

沪津京班车的集货截止时间为当天17时,所有货物于2014年3月21日19时装车,吴甜甜负责装车发货,封号为FH001,备用金0元。预计20时发车出站,次日5时到达天津,再于7时从天津出发,预计9时到达北京。班车运输运距为上海至天津894千米,天津至北京230千米。调度田大国制作相应的到货预报表(单号为YSJJD001)发给天津站调度胡月。班车到达天津站后,经胡月查验,车辆的施封正常。

制单要求:
1. 请以调度田大国的身份编制取货通知单;
2. 请以调度田大国的身份编制运输计划;
3. 请以调度田大国的身份编制集货单,集货单编号为JHD0021。

(备注:单据填制过程中,各字段的内容须完全以题干中所提供的信息为准;题干中没有提供的信息,均不填)

取货通知单

单号				
货运员		出发时间		
车牌号		返回时间		
客户信息							
顺序	托运单号	托运人	地址	电话	姓名	邮编
货物信息					
托运单号	货物名称	件数(件)	重量(kg)	体积(m³)	包装方式
总数量		件	总重量	kg	总体积	m³
填表人			填表时间		

运输计划

发运时间：　　　年　月　日　　编号：

车牌号		核载(吨)		车容(m³)		—		始发站	经停站	目的站
计费里程(km)		司机姓名		联系方式		到达时间				
全行程(km)		备用金(元)		预计装载量(kg)		发车时间				
经停站										
发货人	发货地址	货物名称	包装	数量(件)	重量(kg)	体积(m³)	收货人	收货地址	收货时间	备注
目的站										
发货人	发货地址	货物名称	包装	数量(件)	重量(kg)	体积(m³)	收货人	收货地址	收货时间	备注

集货单

单据号		始发站		集货截止时间	
班车编号		到达站		预计装车时间	
车牌号		总数量(件)		发车时间	
总重量(kg)		总体积(m³)		到站时间	

序号	运单号	发货人	发货地址	货物名称	包装方式	收货人	件数(件)	总重量(kg)	总体积(m³)	备注
甩货说明										

填表人：　　　　　　　　　　　填表时间：　　　年　月　日

第五题

上海祺驰货物运输有限公司（简称祺驰运输）是经上海工商行政管理局批准，并加入陆上货运交通运输网的大型物流企业。祺驰运输自建立以来，立足于市场，不断发展，已经成为了一家非常专业的第三方物流公司。

2014年9月8日10:00上海祺驰货物运输有限公司客服部林敏收到编号为SYTKH015合同客户上海国美电器有限公司的一单发货通知：

托运单号	YD21000001	客户编号	SYTKH015
托运人	上海国美电器有限公司（联系人：吴志勇；电话：021-52650667；地址：上海市普陀区真北路1263号2号楼；邮编：200030）		
包装方式	纸箱		
货物详情	数码相机A：总体积：1.3 m^3；单件重量：0.8 kg；规格：12件/箱；数量：100箱；相机包：总体积：2.8 m^3；单件重量：0.5 kg；规格：24件/箱；数量：50箱		
收货人	潍坊索普电子商贸公司（联系人：高泰日；电话：0536-25323705；地址：潍坊市城东经济技术开发区第四大街12号；邮编：261457）		
托运要求	(1) 要求送货，送货地信息与收货人联系信息相同； (2) 要求于2014年9月10日18时之前送到目的地		

稍后，又陆续收到以下多单发货通知：

托运单号	YD21000002	客户编号	WOEO8877
托运人	上海长发电子设备厂（联系人：李丽经理；联系电话：021-64351003；地址：上海市丰台区丰台北路1号；邮编：200000）		
包装方式	木箱		
货物详情	货物名称：电子显微镜；1件/箱，数量：50箱；每箱重量：50 kg；每箱体积：0.25 m^3		
收货人	济南嘉顺电子设备（联系人：周涛；联系电话：0531-32315618；地址：济南和平区文艺路23号；邮编：250000）		
托运要求	(1) 客户自提； (2) 要求于2014年9月14日18时之前送到目的地		

托运单号	YD21000003	客户编号	ABC889401
托运人	上海富强电子设备厂（联系人：周迅经理；联系电话：021-64993003；地址：上海市长宁区中山西路222号；邮编：200001）		
包装方式	纸箱		
货物详情	货物名称：电子显示器；数量：20箱；每箱重量：25 kg；每箱体积：0.4 m^3		

续 表

收货人	晓晓电子公司(联系人:张明华;联系电话:0513-78315618;地址:南通市长江北路23号;邮编:226932)
托运要求	(1) 要求上门取货和送货,取货地信息与托运人联系信息相同,送货地信息与收货人联系信息相同; (2) 要求于2014年9月9日22时之前送到目的地; (3) 凭客户签字的运单作为回执

托运单号	YD21000004	客户编号	SYTKH019
托运人	上海海洋食品有限公司(联系人:伍勇;电话:021-52650667;地址:上海市长宁区安龙路1263号2号楼;邮编:200233)		
包装方式	纸箱		
货物详情	冷冻南美白对虾,100箱,每箱重量:20 kg;每箱体积:0.1 m³		
收货人	济南南丰食品公司(联系人:周立波;联系电话:0531-32315618;地址:济南大明山路11号;邮编:250004)		
托运要求	(1) 要求送货,送货地信息与收货人联系信息相同; (2) 要求于2014年9月9日18时之前送到目的地; (3) 运输温度要保持在-18℃		

托运单号	YD21000005	客户编号	SYTKH020
托运人	上海康隆纸业有限公司(联系人:张闻宇;电话:021-52650667;地址:上海市长宁区剑河路1263号2号楼;邮编:200234)		
包装方式	纸箱		
货物详情	威风厨房用纸,60箱,每箱重量:5 kg;每箱体积:0.12 m³		
收货人	南通日用品批发公司(联系人:马威;联系电话:0513-32315618;地址:南通九星路110号A室;邮编:226026)		
托运要求	(1) 要求取货,取货地信息与托运人联系信息相同; (2) 要求于2014年9月9日18时之前送到目的地		

托运单号	YD21000006	客户编号	SYTKH021
托运人	上海妈咪宝贝纸业有限公司(联系人:张学友;电话:1301919×××;地址:上海市宝山区静秋路2613号;邮编:200134)		
包装方式	纸箱		
货物详情	妈咪宝贝纸尿裤,10箱,每箱重量:30 kg;每箱体积:0.15 m³		

续表

收货人	威海婴幼儿日用品公司(联系人:丁毅力;联系电话:1354545×××;地址:威海九星路110号A室;邮编:310023)
托运要求	(1) 要求取货,取货地信息与托运人联系信息相同; (2) 要求于2014年9月10日10时之前送到目的地

托运单号	YD21000007	客户编号	SYTKH022
托运人	上海COACH皮具公司(联系人:周星驰;电话:1318989×××;地址:上海市虹口区海伦路63号;邮编:200004)		
包装方式	纸箱		
货物详情	COACH男士皮夹,8箱,每箱重量:25 kg;每箱体积:0.1 m³;		
收货人	济南COACH皮具专卖店(联系人:陆景;联系电话:1306767×××;地址:济南市中山路1010号;邮编:250021)		
托运要求	(1) 客户自提自送; (2) 要求于2014年9月10日12时之前送到目的地		

祺驰运输目前往北的干线班车线路主要有:沪鲁线(上海—南通—济南),沪京线(上海—北京)。各货运站点有能力安排省内城市货物分拨或市内的取派业务。班车每天一班,沿线停靠时间如下:

班车线	司机姓名	车辆编号	车牌	电话	车载	车容	始发站	经停站	目的站	车型
沪鲁线	王运	HB001	沪A10101	13610021234	5 t	25 m³	18:00	22:00—24:00	次日14:00	全厢普通车
沪京线	李绅	HB002	沪B10123	15910003231	10 t	35 m³	12:00	无	次日18:00	全厢普通车

由于今日货运量较大,祺驰运输调度员王杰根据托运货物的紧急程度以及公司目前的运力,对货物的运输进行了合理安排,对无法满足当日装车的货物暂时进入公司货场等待下一班车运输或者外包给其他运输供应商。当天12:00,王杰编制了编号为YSDH001的运输计划,对编号为YD21000001、YD21000003、YD21000005、YD21000006、YD21000007的五张运单进行安排。

9月8日22:00,沪鲁线班车按计划到达南通站,南通站货运员崔凌风对到站货物进行卸货,并将运往下一站济南站的货物安排装车到该班车上。

托运单号	YDNT09313	客户编号	NT889401
托运人	南通富强文具厂(联系人:鲁达经理;联系电话:1341098×××;地址:南通市建设西路2221号;邮编:226431)		
包装方式	纸箱		

续　表

货物详情	货物名称:圆珠笔;数量:20 箱;每箱重量:25 kg;每箱体积:0.4 m³
收货人	济南晨风文化用品公司(联系人:李明华;联系电话:1390198××××;地址:济南市环湖东路 123 号;邮编:250932)
托运要求	(1) 要求上门取货和送货,取货地信息与托运人联系信息相同,送货地信息与收货人联系信息相同; (2) 要求于 2014 年 9 月 9 日 18 时之前送到目的地; (3) 凭客户签字的运单作为回执

托运单号	YDNT09314	客户编号	NT889403
托运人	南通富强文具厂(联系人:鲁达经理;联系电话:1341098×××;地址:南通市建设西路 2221 号;邮编:226431)		
包装方式	纸箱		
货物详情	货物名称:炫彩笔;数量:10 箱;每箱重量:22 kg;每箱体积:0.3 m³		
收货人	济南胜利文化用品公司(联系人:李华;联系电话:1370198×××;地址:济南市雨巷路 1123 号;邮编:250972)		
托运要求	(1) 客户自提; (2) 要求于 2014 年 9 月 9 日 18 时之前送到目的地		

南通站调度员孙建刚根据目前班车装载货物情况,向济南站发出编号为 DHYB001 的到货预报表。

24:00,所有发出货物集货完毕,货运员崔凌风进行了装车作业的最后审核,班车按计划运往下一站济南。

制单要求:

1. 请以祺驰运输上海站调度员王杰的身份制作编号为 YSDH001 的运输计划;
2. 请以祺驰运输南通站调度员孙建刚的身份制作编号为 DHYB001 的到货预报表。

(备注:单据填制过程中,各字段的内容须完全以题干中所提供的信息为准;题干中没有提供的信息,均不填)

业务资料
全国(部分)主要城市间公路里程参照表

单位:千米

上海	上海						
苏州	88	苏州					
南通	216	120	南通				
张家港	435	334	212	张家港			
烟台	802	711	549	315	烟台		
潍坊	954	873	724	470	150	潍坊	
济南	1180	1076	926	675	359	202	济南

运输计划

发运时间：　　　年　　　月　　　日　　　编号：

车牌号		核载(吨)		车容(m³)		—		始发站	经停站	目的站
计费里程(km)		司机姓名		联系方式		到达时间				
全行程(km)		备用金(元)		预计装载量(kg)		发车时间				
经停站										
发货人	发货地址	货物名称	包装	数量(件)	重量(kg)	体积(m³)	收货人	收货地址	收货时间	备注
目的站										
发货人	发货地址	货物名称	包装	数量(件)	重量(kg)	体积(m³)	收货人	收货地址	收货时间	备注

到货预报表

单据号			始发站		发车时间		
班车编号			到达站		到站时间		
车牌号			司机姓名		联系方式		
总数量		件	总重量	kg	总体积		m³
序号	运单号	客户名称	客户订单号	货物名称	包装	终点站	收货人地址	件数(件)	重量(kg)	体积(m³)	备注
合计											

填表人：　　　　　　　　　　　　　　　　　　　填表时间：

第六题

全速物流有限公司是一家专业从事物流、仓储业务的第三方物流公司,为客户提供快捷、安全、经济的站到站、门到门以及门到站等多样普通货物公路运输服务。

2014年3月9日10时,全速物流有限公司(以下简称全速)上海站客服周晓梅收到一份带有客户签章的发运计划,具体内容为:

托运单号	YD201403090001	客户编号	KHBH5011
托运人	西门子电器厂(联系人:李丽经理;联系电话:021-64351003;地址:上海市宝山区祁连山路1号;邮编:200443)		
包装方式	木箱		
货物详情	变频器GWAG2-45;数量:40箱;重量:50 kg/箱;单位体积:0.045 m^3; 变频器GWAG1-19;数量:10箱;重量:45.5 kg/箱;单位体积:0.07 m^3; 变频器C65CICB;数量:10箱;重量:20 kg/箱;单位体积:0.06 m^3		
收货人	天津嘉怡仪器有限公司(联系人:钱春;联系电话:022-32315618;地址:天津河西区文艺路23号;邮编:300000)		
托运要求	(1) 要求上门取货和送货,取货地信息与托运人联系信息相同,送货地信息与收货人联系信息相同; (2) 要求于2014年3月11日14时之前送到目的地; (3) 凭客户签字的运单作为回执; (4) 托运人账号:7788494949494		
结算	(1) 结算方式:月结; (2) 此批货物为重货,运费计算公式为:吨公里运价×运距×吨重量; (3) 取货费50元和送货费用50元,其他杂费50元		
投保	此批货物不投保		

当天10时15分,周晓梅还收到另外几份客户的发运计划,具体内容如下:

运单号	YD201403090002
托运人	上海嘉嘉电子有限公司(联系人:周建兴经理;联系电话:021-64351003;地址:上海宝山区紫荆路北段1号;邮编:200023)
包装方式	纸箱
货物详情	海尔变频空调CL102,10箱,单位重量28 kg,单位体积0.18 m^3; 海尔变频空调XU103,5箱,单位重量40 kg,单位体积0.02 m^3
收货人	嘉嘉电子有限公司天津销售处(联系人:张博;联系电话:022-72561099;地址:天津市河东区新明路23号;邮编:300005)

续表

托运要求	(1) 要求于3月10日18:00之前到嘉嘉电子取货； (2) 客户自提
结算	结算方式：月结
投保	此批货物不投保

运单号	YD201403090003
托运人	施耐德电器有限公司（联系人：黄晓明；联系电话：021-56358901；地址：上海市普陀区曹杨路39号；邮编：200063）
包装方式	纸箱
货物详情	货物名称：精密仪器；数量：20箱；单位重量：6.25 kg；单位体积：0.425 m^3
收货人	优选玩具有限公司（联系人：君玉；联系电话：022-84356561；地址：天津市河西区17号；邮编：300001）
托运要求	(1) 要求于3月10日14:00之前到施耐德电器取货； (2) 要求货物11日21:00前送达客户手中； (3) 凭客户签字的运单作为回执； (4) 要求使用防震车进行运输
结算	结算方式：现结
投保	此批货物投保，投保金额为30000元，投保率0.3%

运单号	YD201403090004
托运人	上海恒昌商贸有限公司（联系人：蔡司；联系电话：021-56358901；地址：上海市浦东新区芳甸路39号；邮编：201400）
包装方式	纸箱
货物详情	货物名称：儿童电子玩具；数量：50件；单位重量：10 kg；单位体积：0.064 m^3
收货人	优选玩具有限公司（联系人：君玉；联系电话：022-84356561；地址：天津市河西区文艺路17号；邮编：300001）
托运要求	(1) 要求于3月10日14:00之前到恒昌商贸取货； (2) 要求货物11日16:00前送达客户手中； (3) 凭客户签字的客户单据作为回执
结算	结算方式：到付
投保	此批货物不投保

运单号	YD201403090005
托运人	绿叶化工有限公司（联系人：陆雪；联系电话：021-56309901；地址：上海市南汇路139号；邮编：201430）

续表

包装方式	桶
货物详情	货物名称:双氧水;数量:20桶;单位重量:40 kg;单位体积:0.2 m³
收货人	优选玩具有限公司(联系人:君玉;联系电话:022-84356561;地址:天津市河北区清河路170号;邮编:300001)
托运要求	(1) 要求于3月10日14:00之前到恒昌商贸取货; (2) 要求货物11日10:00前送达客户手中; (3) 凭客户签字的运单作为回执; (4) 要求使用运输危险品专用车辆执行运输任务
结算	结算方式:到付

周晓梅根据本公司情况承接业务,并将承接订单提交给调度程润进行操作。调度程润随即安排货运员蒋玉处理编号为YD201403090001、YD201403090002和YD201403090004三票运单的取货任务。

3月10日17时,货运员蒋玉完成所有取货作业回到公司。货运员蒋玉告知程润,编号为YD201403090001的运单中,由于工厂出货延误,造成变频器GWAG2-45有10箱货物未取到。其他运单无异常情况。

程润根据实际取货情况,选择合适的车辆并编制单号为JHD2014009201的集货单、编号为YSDH001的运输计划、编号为YSJJD8282810的运输交接单。

货物于3月10日18时集货完毕,预计于18:30时在上海站装车,装卸员林南宇负责装车作业。

上海—天津的班车预计于2014年3月10日20时发车出上海站,2014年3月11日8时到达天津站。货物到达天津后,所有货物完成卸车。天津站调度张胜在核对货物和运输交接单时,发现编号为YD201403090001的运单中,变频器C65CICB比交接单上少了1箱货,张胜马上与上海站调度程润联系。程润核实情况,发现那箱货仍在物流公司仓库,原因是在集货时遗漏装车。张胜找到事故原因,与客户联系,客户同意先将到货的货物送达。

2014年3月11日当天,天津站还有一票到站货物需要派送,一票托运货物需要取货。具体情况如下:

运单号	QTJ83737802
托运人	美华有限公司(联系人:黄晓明;联系电话:010-56358901;地址:北京市广州路390号;邮编:101101)
包装方式	纸箱
货物详情	货物名称:玩具熊;数量:60箱;总重量:800 kg;总体积:3.8 m³
收货人	美玲超市(联系人:周华;联系电话:022-84356661;地址:天津河西区周浦路23号;邮编:300001)
托运要求	(1) 要求货物11日12:00前送达客户手中; (2) 凭客户签字的运单作为回执
结算	结算方式:月结

运单号	QTJ83737803
托运人	飞翔运动服饰厂(联系人:周星星;联系电话:022-89300302;地址:天津市河西区文艺路90号;邮编:301102)
包装方式	纸箱
货物详情	货物名称:运动服;数量:40箱;单位重量:15 kg;单位体积:0.045 m³
收货人	魅力服装城(联系人:王菲;联系电话:010-84095651;地址:北京市河西区文艺路3号;邮编:1000012)
托运要求	(1)要求于3月11日18:00之前到恒昌商贸取货; (2)要求货物12日18:00前送达客户手中
结算	结算方式:现结

2014年3月11日9点,张胜根据业务要求,调度车辆为客户取派货,并编制对应的取(派)通知单,货运员为宋伟敏。调度的原则为区域就近原则。出发时间为3月11日10点,14点返回场站。宋伟敏的取派顺序依次为 YD201403090001、YD201403090004、QTJ83737803、QTJ83737802。

其他资料如下:

(1)公司现有运力资源:

站点	班车号	车牌号	车容(m³)	核载(t)	货厢类型	运行线路
上海站	PS001	沪G93939	10	3.5	全厢	普陀区、宝山区
上海站	PS002	沪G87474	35	10	全厢	浦东新区、南汇
上海站	HB001	沪A90591	10	3.5	全厢	上海—天津
上海站	HB002	沪A61021	12	5	全厢	上海—天津
上海站	HB003	沪A61022	35	10	全厢	上海—天津
天津站	PS003	津60761	35	10	全厢	河西区、河北区
天津站	PS004	津12345	12	6	全厢	河西区、河北区
天津站	PS005	津12349	24	8	全厢	河西区、河北区
天津站	PS006	津60765	35	10	全厢	河东区
天津站	PS007	津22345	12	6	全厢	河东区
天津站	PS008	津32349	24	8	全厢	河东区

(2)上海至天津行驶路线:上海—天津。
(3)全国(部分)主要城市间公路里程参照表:

上海	上海		
天津	880	天津	
北京	1020	240	北京

制单要求：

1. 请以上海站调度程润的身份完成编号为 D2014009201 集货单的填制；
2. 请以天津站调度张胜的身份制作天津河西区取（派）通知单，单号为 QPTJ0099801。

（备注：单据填制过程中，各字段的内容须完全以题干中所提供的信息为准；题干中没有提供的信息，均不填）

集货单

单据号		始发站			集货截止时间		
班车编号		到达站			预计装车时间		
车牌号		总数量(件)			发车时间		
总重量(kg)		总体积(m³)			到站时间		

序号	运单号	发货人	发货地址	货物名称	包装方式	收货人	件数(件)	总重量(kg)	总体积(m³)	备注
甩货说明										

填表人：　　　　　　　　　　　　填表时间：　　　年　　　月　　　日

取(派)通知单

单号				操作站			
资源	车辆		辆	车型			
	货运员		人	预计操作时间			小时
总数量		件	总重量		kg	总体积	m³

客户信息							
运单号	顺序号	地址	电话	姓名	取派类型	是否返单	是否收款

货品信息					
运单号	货品名称	件数(件)	重量(kg)	体积(m³)	备注

填表人		填表时间	

第七题

顺达物流公司(简称顺达物流)是一家专业的第三方物流公司,主要从事仓储、运输、国际货运代理等物流业务。

2014年9月1日上午9时,顺达物流公司苏州分公司CK01仓库仓管员宋波收到合同客户苏州大金电器有限公司赵玲通知(电话:0512-62278336,邮编:215760,地址:苏州红发路200号,客户编号为KH008)要求从CK01仓库中发出一批大金空气调节器送到南京依维柯汽车有限公司。

苏州大金电器有限公司
发货通知单

发货通知单号:FHTZD001　　　　　　　　　　收货客户:南京依维柯汽车有限公司
收货地址:江苏省南京市金翔路12号　收货人:鲍中新　收货人电话:025-38355342
发货日期:2014年9月1日　发货仓库:顺达物流苏州仓库　仓库地址:江苏省苏州市翡翠路14号
仓库类别:第三方物流仓库　仓库联系人:郭圆圆　　　仓库电话:0512-43901250

序号	货品编号	货品名称	规格	单位	计划数量	实际数量	备注
1	FTXH335LC-W	大金壁挂式直流变频家用冷暖空调(白色)	正1.5匹	套	10		
2	FTXN25KV2C	大金壁挂式家用冷暖变频空调(白色)	1匹	套	5		
3	FTXB335LC-R	大金壁挂式直流变频家用冷暖空调(红色)	正1.5匹	套	5		
4	3MXS100EV2C	大金超级多联系统中央空调	3MX/4MX	套	4		
				合计	24		

其他要求:现委托顺达物流将此订单货品运输到南京。
备注:货品紧急,请务必安排在9月2日前运送到收货地址。
制单人:李博　　　　　　　　审核人:王亮亮　　　　　　　第1页 共1页

宋波首先根据发货通知单通过WMS系统查询库存情况,苏州大金电器有限公司所有货品的库存情况如下:

库区	货位	货品编号	货品名称	规格	单位	库存数量
空调一区	A10001	RXS50FV2C	室外机	1件/箱	箱	20
空调一区	A10002	RXH335LC	室外机	1件/箱	箱	20
空调一区	A10003	RXH355LC	室外机	1件/箱	箱	20
空调一区	A10004	RXN25KV2C	室外机	1件/箱	箱	20
空调一区	A10005	RXB335LC	室外机	1件/箱	箱	20
空调一区	A10006	RXB325LU	室外机	1件/箱	箱	20
空调二区	B10000	FTXB335LC-R	室内机(红色)	1件/箱	箱	40
空调二区	B10001	FTXB335LC-R	室内机(白色)	1件/箱	箱	40
空调二区	B10002	CDXLS71FV2C	室内机	1件/箱	箱	40
空调二区	B10003	CDXS25FV2C	室内机	1件/箱	箱	40
空调二区	B10004	CDXM25FV2C	室内机	1件/箱	箱	40

续表

库区	货位	货品编号	货品名称	规格	单位	库存数量
空调三区	C10001	FTXN25KV2C	室内机（香槟）	1件/箱	箱	40
空调三区	C10002	FTXN25KV2C	室内机（白色）	1件/箱	箱	40
空调三区	C10003	FTXN25KV2C	室内机（红色）	1件/箱	箱	40
空调三区	C10004	FTXH335LC-W	室内机（白色）	1件/箱	箱	40
空调三区	C10005	FTXH335LC-W	室内机（红色）	1件/箱	箱	40

9:30，宋波立即安排仓储部信息员张惠美编制单号为 CKD1200001 的出库单。由于空调属于需要组合的商品，一套完整的空调需要由室外机与室内机组成。张惠美根据相应商品的组合信息，编制了作业单号为 PK2014040016 的拣货单。

商品组合信息：

货品编号	商品名称	室外机		室内机	
		货品编号	数量（件）	货品编号	数量（件）
FTXH335LC-W	大金壁挂式直流变频家用冷暖空调（白色）	RXH335LC	1	FTXH335LC-W	1
FTXN25KV2C	大金壁挂式家用冷暖变频空调（白色）	RXN25KV2C	1	FTXN25KV2C	1
FTXB335LC-R	大金壁挂式直流变频家用冷暖空调（红色）	RXB335LC	1	FTXB335LC-R	1
3MXS100EV2C	大金超级多联系统中央空调	RXS50FV2C	1	CDXLS71FV2C	1
				CDXS25FV2C	2

注：按照空调商品的特点，成套商品的货品编号与其配套的室内机货品编号相同且为其机器的型号，中央空调除外。

该批货品的拣货作业由拣货组拣货员彭宏春负责，经过彭宏春认真仔细地工作，所需配件拣货完毕，由彭宏春对拣货单进行反馈。

10:00，仓管员宋波对出库商品进行核实后，交由流通加工部门对空调进行组合包装，对成套空调贴上标识。最后由仓管员宋波在出库单上进行反馈，并将出库商品交给搬运组叉车工蒙帮炬，由蒙帮炬提货至运输部集货一区，等待运输部将货物运往南京。

11:00，CK01 仓库收到苏州大金运来的一批空调部件，宋波将全部货物存放在空调一区及空调二区相应储位，具体安排如下：

库区	货品编号	货品名称	规格	单位	数量
空调一区	RXS50FV2C	室外机	1件/箱	箱	30
空调二区	CDXS25FV2C	室内机	1件/箱	箱	60

当前,空调一区空余储位有 A10008—A10012,每个储位可放置室外机 20 箱;空调二区空余储位有 B10005—B10010,每个储位可放置室内机 40 箱。

要求按照储位编号从小到大依次排列货品。

宋波验收货物时,货品数量及质量均无问题,顺利完成入库作业。

14:00,顺达公司负责人孙坚下达盘点任务,由仓管员宋波负责盘点,宋波根据库存对苏州大金电器有限公司的所有货品按库区分别编制了空调一区(盘点单号:ST0004005)、空调二区(盘点单号:ST0003002)和空调三区(盘点单号:ST0003003)的三张盘点单,盘点员陈晓晓负责空调二区的初盘,盘点员方明负责空调一区、张华负责空调三区的初盘,盘点员薛强负责空调一、二、三区的复盘。

仓储单证制单要求:

1. 请以顺达物流公司苏州CK01仓库拣货员彭宏春的身份完成拣货单;
2. 请以顺达物流公司苏州CK01仓库仓管员宋波的身份填制出库单;
3. 请以顺达物流公司苏州CK01仓库盘点员陈晓晓的身份完成空调二区的盘点单。

(备注:单据填制过程中,各字段的内容须完全以题干中所提供的信息为准;题干中没有提供的信息,均不填)

仓储单证制单说明:

拣货单是仓储企业内部拣货作业凭证,组合商品应该按照其构成的品类分别进行拣货;出库单是根据客户订单生成的商品流转凭证,应按照客户订单的内容进行填写和说明。

2014年9月1日10:15,搬运组叉车工蒙帮炬完成出库商品的搬运任务,运输部调度王欢欢按照商品信息,编制编号为 YD0001001 的运单。

货品编号	商品名称	包装单位	重量(kg)	每箱体积(m³)
FTXH335LC-W	大金壁挂式直流变频家用冷暖空调(白色)	木箱	180 kg/箱	0.4 m³/箱
FTXN25KV2C	大金壁挂式家用冷暖变频空调(白色)	木箱	150 kg/箱	1 m³/箱
FTXB335LC-R	大金壁挂式直流变频家用冷暖空调(红色)	木箱	185 kg/箱	0.2 m³/箱
3MXS100EV2C	大金超级多联系统中央空调	木箱	450 kg/箱	0.2 m³/箱

苏州到南京的班车每天有三班,全部使用奔驰品牌的全厢货柜车。苏州至南京全程350公里。

班车线	司机姓名	车辆编号	车牌	电话	车载	车容	始发站装车	始发站出发	目的站到达
早班	王运	HB01	A10101	13610021234	5 t	10 m³	6:00	7:00	10:00
中班	钱云	HB02	A10112	13610021888	5 t	10 m³	13:00	14:00	18:30
晚班	李绅	HB03	B10123	15910003231	6 t	14 m³	19:00	20:00	23:00

公司运价表

苏州到南京物流运输货运价目表(参考价)　　　　　　　　　　　单位:元/吨公里

<2 t	2—5 t	5—10 t	10—20 t	21—30 t	运输时效
1.326	1.299	1.272	1.245	1.217	1天
1.302	1.281	1.251	1.226	1.201	2天

其他费用收费标准如下:

上门取货费(元)	送货费(元)	杂费(元)
100	100	50

运输部调度王欢欢根据该货物的发货通知书,安排当天的班车,运往南京。9月2日10:00,货物由邱润宇送达收货人处,客户进行正常签收。由于该货主为合同协议客户,按照合同,以收货人签收的运单作为结算依据,按月进行结算。

运输单证制单要求:

请以顺达物流公司苏州分公司运输部调度徐欢欢的身份完成编号为YD0001001的公路货物运单,并对运单进行返单作业。

(备注:单据填制过程中,各字段的内容须完全以题干中所提供的信息为准;题干中没有提供的信息,均不填)

拣货单

作业单号:

货主名称				出库单号				
仓库编号				制单日期				

货品明细									
序号	库区	储位	货品编号	货品名称	规格	单位	应拣数量	实拣数量	备注

制单人				拣货人				

出库单

出库单号：

货主名称						发货通知单编号			
收货客户						发货日期			
收货地址				收货人			收货人电话		
货品编号	货品名称	规格	单位	计划数量		实际数量	收货人签收数量		备注
仓管员				制单人			收货人		

盘点单

盘点单号：

仓库编号							制单日期				
货品信息											
库区	储位	货品编号	货品名称	规格	单位	系统库存情况	实际数量	盈亏数量	损坏数量	备注	
制单人						盘点人(签字)					

公路货物运单

运单号码						
托运人姓名			电话		收货人姓名	
单位					单位	
托运人详细地址					收货人详细地址	
托运人账号			邮编		收货人账号	
取货地联系人姓名			电话		送货地联系人姓名	
取货地详细地址			邮编		送货地详细地址	
始发站			目的站		送货地详细地址	
运距	公里		全行程	公里	起运日期	年 月 日 时
路由					委求要到货日期	年 月 日 时
					是否要求回执	是 否
货物名称	包装方式	件数	计费重量(kg)	体积(m³)	取/送货	取货 送货
					取货人签字	年 月 日 时
					托运人或代理人签字或盖章 实际发货件数	年 月 日 时
					收货人或代理人签字或盖章 实际发货件数	年 月 日 时
合计					送货人签字	年 月 日 时
收费项	运费	取/送货费	杂费	费用小计		
费用金额(元)						
	不投保		投保	保险费	元	
	投保金额				元	
运杂费合计(大写)	万	仟	佰	拾	元	角
			结算方式		预付款	元
现结		月结		付费账号		
到付						备注:
制单人		受理日期	年 月 日 时		受理单位	

第八题

华盛速达物流有限公司是一家专业从事物流、仓储业务的第三方物流公司,为客户提供快捷、安全、经济的站到站、门到门以及门到站等多样普通货物公路运输服务。公司主营三条干线运输,分别是上海—天津—北京、上海—杭州—广州、上海—成都。货物到达目的站后,由目的站调度来安排省内城市货物分拨或市内的取派业务。

刘萍是华盛速达物流有限公司上海站客服部门的一名客服人员,在 2014 年 12 月 1 日收到零担客户的传真,内容如下:

客户运单

TO:华盛速达物流有限公司
我公司有一批电器须从上海发往广州,具体信息如下:

序号	商品名称	数量	单位	重量(kg)	每箱体积(m^3)	到货日期
1	精密仪器	40	纸箱	125 kg/箱	0.4 m^3/箱	2014-12-5 10:00
	收货单位	\multicolumn{5}{	l	}{上海明慧仪器有限公司广州销售处}
	收货地址	\multicolumn{5}{	l	}{广东省广州市花都区花香路 98 号 邮编 510650}
	联系人	\multicolumn{5}{	l	}{赵军力(经理)}
	电话	\multicolumn{5}{	l	}{020-45126781}

急需发运!收到请回复!

FROM:上海明慧仪器有限公司 钱淑芬
021-50295612
上海市宝山区祁连山路 145 号
邮编:200454

刘萍收到客户订单后,及时与客户钱淑芬联系,了解客户托运要求:明慧仪器货物需投保,投保金额为 20000 元,保险费率为 0.5%,要求 12 月 2 日中午 12 点前去公司取货,以收货人签字的运单和客户单据作为返单,运费现结。

因为明慧仪器是零担客户,刘萍确认业务后,需要确认运费。(货物运费 = 货物运价 × 计费重量 × 计费里程 + 货物运输其他费用)。

(1)计费重量(毛重或体积重量取高者):

计费形式	计费单位
重货	毛重
轻泡货物	体积

我国现行规定:凡每立方米货物的重量大于 1 吨的为重货,小于 1 吨的为轻泡货。

(2) 计费里程：

上海至杭州 203 千米，杭州至广州 1637 千米。

(3) 货物运价表：

上海到广东省物流运输货运价目表(参考价)

单位：元/吨公里

名称	1 m³	2—5 m³	6—10 m³	11—20 m³	21—40 m³	1 t	2—5 t	6—10 t	11—20 t	21—30 t	到达时间
广州	0.080	0.076	0.070	0.071	0.065	0.326	0.299	0.272	0.245	0.217	2
深圳	0.080	0.075	0.070	0.065	0.060	0.302	0.281	0.251	0.226	0.201	3
汕头	0.081	0.076	0.071	0.067	0.062	0.286	0.262	0.283	0.214	0.190	3
东莞	0.081	0.076	0.071	0.067	0.067	0.286	0.262	0.229	0.220	0.190	3
中山	0.084	0.079	0.074	0.070	0.065	0.279	0.256	0.223	0.195	0.186	3

提供明慧仪器有限公司取送货业务，还需收取费用共 100 元，杂费 50 元。

刘萍明慧仪器客户要求和业务情况，制作运单号为 YD20141201001 的公路货物运单。

当天，刘萍还收到几单业务，分别是：

运单号	YD20141201002
托运人	上海嘉嘉电子有限公司(联系人：周建兴经理；联系电话：021-64351003；地址：上海紫荆路北段 1 号；邮编：200023)
包装方式	纸箱
货物详情	海尔液晶电视机 XU102，10 箱，总重 300 kg，体积 1.6 m³
收货人	杭州香香电器商城(联系人：张博；联系电话：0571-7256109；地址：浙江省杭州市龙井路 23 号；邮编：310005)
托运要求	(1) 要求于 12 月 2 日 18:00 之前到嘉嘉电子取货； (2) 要求货物 4 日 16:00 前送达客户手中

运单号	YD20141201003
托运人	上海嘉嘉电子有限公司(联系人：周建兴经理；联系电话：021-64351003；地址：上海紫荆路北段 1 号；邮编：200023)
包装方式	纸箱
货物详情	海尔手机 HE003，25 箱，总重 100 kg，体积 2 m³
收货人	广州新辉电器商城(联系人：张海；联系电话：020-72561099；地址：广东省广州市 23 号；邮编：510005)
托运要求	(1) 要求于 12 月 2 日 18:00 之前到嘉嘉电子取货； (2) 要求货物 5 日 16:00 前送达客户手中

运单号	YD20141201004
托运人	上海嘉嘉电子有限公司(联系人:周建兴经理;联系电话:021-64351003;地址:上海紫荆路北段1号;邮编:200023)
包装方式	纸箱
货物详情	海尔液晶电视机 XU102,40 箱,总重 1200 kg,体积 6.4 m^3
收货人	中山新辉电器商城(联系人:黄平;联系电话:0760-72388099;地址:广东省中山市 23 号;邮编:528405)
托运要求	(1) 要求于 12 月 2 日 18:00 之前到嘉嘉电子取货; (2) 要求货物 6 日 16:00 前送达客户手中

运单号	YD20141201006
托运人	上海耐克有限公司(联系人:周飞经理;联系电话:021-56388190;地址:上海市普陀区宝山路 200 号;邮编:200414)
包装方式	纸箱
货物详情	耐克鞋 GA0341,100 箱,总重 500 kg,总体积 2.8 m^3
收货人	耐克东莞专卖店(联系人:王傲美;联系电话:0769-39000445;地址:广东省东莞市人民路 190 号;邮编:523020)
托运要求	(1) 要求于 12 月 2 日 12:00 之前到耐克取货; (2) 要求货物 6 日 12:00 前送达客户手中

运单号	YD20141201005
托运人	上海乐茂服装有限公司(联系人:成军经理;联系电话:021-56348790;地址:上海市宝山区祁连山路 12 号;邮编:200013)
包装方式	纸箱
货物详情	女士 T 恤,20 箱,总重 80 kg,总体积 1.4 m^3; 男士长裤,10 箱,重 45 kg,体积 1.2 m^3
收货人	多美丽服装批发市场(联系人:王广;联系电话:028-71233445;地址:四川省成都市建国西路 13 号;邮编:610020)
托运要求	(1) 要求于 12 月 2 日 17:00 之前到乐茂服装取货; (2) 要求货物 6 日 12:00 前送达客户手中

  刘萍审核完所有运单后,把运单交给调度周晓明进行操作。
  12 月 1 日下午,调度周晓明根据作业路线等情况编制了所有货物的取货通知单,单号为 QHTZ4900021,要求货运员 12 月 2 日 7 时从公司出发,18 时前返回,并安排货运员王宇执行该取货作业。

12月2日10时,货运员王宇携运单YD20141201001到明慧仪器收取货物,点验所托运货物,查无包装及数量等异常后,在运单上签字,并请托运人核对运单信息,并在运单的"托运人签字"一栏中签字确认。

下午18时之前,王宇返回,完成所有取货任务。

调度周晓明根据当天作业情况,选择运输车辆,编制计划单号为YSJH49000201的运输计划,完成广州方向货物的运输安排。

姓名	车牌号	联系方式	货厢尺寸（长、宽、高）	车容（m³）	核载（T）	货厢类型	运作线路
刘大成	沪G93939	13000099999	4.2×1.8×1.9	12	3	全厢	市内取货
王宇	沪G87474	13989998888	7.2×2.3×2.5	35	10	全厢	市内取货
王文贵	沪A90591	13288801762	4.2×1.8×1.9	12	3	全厢	上海—广州
王广云	沪A61021	13539974852	5.2×2.15×2.3	22	6.5	全厢	上海—广州
段其成	沪G60761	13760728218	7.2×2.3×2.5	35	10	全厢	上海—广州
周云	沪G60871	13760737632	7.2×2.3×2.5	35	10	全厢	上海—北京
王一一	沪B96361	13287731742	5.2×2.15×2.3	22	6.5	全厢	上海—北京
张华	沪C96361	13763337632	7.2×2.3×2.5	35	10	全厢	上海—成都

预计于2014年12月2日20时装车,23时发车出上海站,2014年12月3日2时到达杭州站。货物到达杭州,到达经停站货物顺利完成卸车,预计于12月3日3时货物完好签收。然后不更换运输车辆,预计于2014年12月3日4时从杭州站出发,2014年12月3日20时到达广州站,到站货物顺利完成卸车。

到达广州站后,广州站调度李虹于2014年12月4日安排货物派送,其中,运单YD20141201001的货物由司机张伟明于12月4日下午14:00送达客户,收货人为上海明慧仪器有限公司广州销售处工作人员陶淳,送货司机和收货人交接货物并完成签收。张伟明将收货人签收的运单和客户单据带回给公司调度李虹,由李虹检查签收情况并完成运单整理和返单工作。

制单要求:

1. 请以广州站调度李虹的身份检查运单号为YD20141201001的公路货物运单的签收情况;
2. 请以上海站调度周晓明的身份填制运输计划。

(备注:单据填制过程中,各字段的内容须完全以题干中所提供的信息为准;题干中没有提供的信息,均不填)

公路货物运单

运单号码							
托运人姓名			电话		收货人姓名		电话
托运人单位					收货人单位		
托运人详细地址				邮编	收货人详细地址		邮编
托运人账号					收货人账号		
取货地联系人姓名			电话		送货地联系人姓名		电话
取货地详细地址				邮编	送货地详细地址		邮编
始发站			目的站		起运日期	年 月 日	要求到货日期 年 月 日 时
运距	公里		全行程	公里	是否取送	取货 送货	是否要求回执 是 否
路由					取货签字		运单 客户单据
货物名称	包装方式	件数	计费重量(kg)	体积(m³)	托运人或代理代理人签字或盖章 年 月 日 时 分		
					实际发货件数		件
					收货人或代理代理人签字或盖章 年 月 日 时 分		
					实际发货件数		件
合计					送货人签字 年 月 日 时 分		
收费项	运费	取/送货费	杂费	费用小计	备注:		
费用金额(元)	不投保			投保			
	投保金额		保险费				
运杂费合计(大写)	万 仟 佰 拾 元 角				元		
结算方式					预付款 元		
现结	月结						
到付	付费账号				年 月 日 时		
制单人		受理日期	年 月 日		受理单位		

运输计划

发运时间：　　　　　年　　　月　　　日　　　编号：

车牌号		核载(吨)		车容(m³)		—		始发站	经停站	目的站
计费里程(km)		司机姓名		联系方式		到达时间				
全行程(km)		备用金(元)		预计装载量(kg)		发车时间				
经停站										
发货人	发货地址	货物名称	包装	数量(件)	重量(kg)	体积(m³)	收货人	收货地址	收货时间	备注
目的站										
发货人	发货地址	货物名称	包装	数量(件)	重量(kg)	体积(m³)	收货人	收货地址	收货时间	备注

第九题

2014年3月2日，华盛速达有限公司与美格商贸公司在上海签订水上货运运输合同，将儿童学步车、儿童玩具等货物由上海发往重庆。具体发货信息如下：

货物名称：儿童学步车XM01；单件尺寸(m)：0.10×0.12×12；单件重量5 kg；单件体积0.144 m³；数量：1000辆；总重量5000 kg；总体积144 m³；货物价值：40000元；发货符号FH-01。

货物名称：儿童学步车XM02；单件尺寸(m)：0.12×0.12×12；单件重量5.5 kg；单件体积0.1728 m³；数量：1000个辆；总重量5500 kg；总体积172.8 m³；货物价值：50000元；发货符号FH-02。

货物名称：儿童学步车XM03；单件尺寸(m)：0.08×0.10×10；单件重量4 kg；单件体积0.08 m³；数量：1000辆；总重量4000 kg；总体积80 m³；货物价值：30000元；发货符号FH-03。

收货人：美格重庆分公司，重庆市九龙坡区西彭镇1号；联系人：王云；联系电话：023-65808556；邮编：404126。发货人地址：上海市中山南路360号；联系人：程曦；联系电话：021-65784723；邮编：200045。

要求：2014年3月10日运到重庆港，费率是货物价值的5‰，运费6000元，装船费1500元。

调度程海根据周小同收到的要求填制运单号码为SLHWYD001的水路货物运单，交接清单号码为JJQD001，安排货物装在船名船次为HBCJ0001的船舶运往重庆。

制单要求:

请以调度程海的身份填写水路货物运单。

(备注:单据填制过程中,各字段的内容须完全以题干中所提供的信息为准;题干中没有提供的信息,均不填)

水路货物运单

交接清单号码　　　　　　　　　　　　　　　　　　　　　　运单号码

船名航次		起运港		到达港			到达日期(承运人章)	收货人(章)
托运人	全称		收货人	全称				
	地址、电话			地址、电话				
	银行、账号			银行、账号				

发货符号	货物名称	件数	包装	价值(元)	托运人确定		计费重量		等级	费率	金额	应收费用		
					重量(吨)	体积(长、宽、高)(m³)	重量(吨)	体积(m³)				项目	费率	金额
												运费		
												装船费		
合计														

运到期限(或约定)		托运人(签章)日期	总计	
		核算员		
特约事项		承运人(签章)日期	复核员	

第十题

2014年3月22日9:00,北京康远物流有限公司北京站客服李霞收到客户北京高盛科技发展有限公司的发货指令:将重3.5吨,90个木箱包装的电子仪器(每箱重量、体积为:30 kg;

0.25 m³)由北京工厂(地址:北京市大兴区亦庄87号;联系人:林静;联系电话:010-72293081;邮编:100023)先送到北京火车站货场,由北京火车站工作人员负责装车和施封,经过天津站运到沈阳站,收货人是沈阳铭宇科技发展有限公司(地址:沈阳市河西区北路62号;联系人:邓梅;联系电话:024-84329583;邮编:110005)。此批电子仪器货值为100000元,装进一载重为40 t的棚车,车牌号为:H09362,铅封:SS54870。托运人要求在运输途中必须保持货物的干燥和清洁。

制单要求:

请根据以上信息填制铁路货票。

(备注:单据填制过程中,各字段的内容须完全以题干中所提供的信息为准;题干中没有提供的信息,均不填)

铁路货物运单

货物指定于　　年　月　日　搬入
　　　　　　　××铁路局
货　位:

承运人/托运人装车
承运人/托运人施封

领货凭证

车种及车号
货票第　　　号
运到期限　　　日

货物运单

计划号码或日运输号码:
运到期限　日　托运人　发站→到站→收货人

托运人填写			承运人填写			发站	
发站		到站(局)	车种车号		货车标重	到站	
到站所属省(市)自治区			施封号码			托运人	
托运人	名称		经由		铁路货车篷布号码	收货人	
	住址	电话				货物名称	件数	重量
收货人	名称		运价里程		集装箱号码			
	住址	电话						
货物名称	件数	包装	货物价格	托运人确定重量(公斤)	承运人确定重量(公斤)	计费重量	运价号	运价率	运费
合计									
托运人记载事项			承运人记载事项			托运人盖章或签字		
						发站承运日期戳		
注:本单不作为收款凭证;托运人签约须知见背面			托运人(签章)	到站交付日期戳	发站承运日期戳	注:收货人领货须知见背面		

第三部分 国际货运代理单证制作

第一题

制单要求：

根据给定的资料填制海运货物托运单。

【资料一】

信用证

RECEIVED FROM: YAMAGUCHI BANK, LTD. THE TOKYO SHINKAN, FLOOR
　　　　　　　　61-2-1 MARUNOUCHI, TOKYO 100-0005, JAPAN
DATE: 130420 SEQUENCE OF TOTAL: 1/1
FORM OF DOCUMENTARY CREDIT: IRREVOCABLE
DOCUMENTARY CREDIT NUMBER: K115082
DATE OF ISSUE: 130420
DATE OF EXPIRY, PLACE OF EXPITY: 130910 COUNTRY OF THE BENE
APPLICANT: SAWA TRADING CO., LTD
　　　　　　SAKAI BLDG 1-1 KAWARAMACHI 3-CHOME, TOKYO, JAPAN
BENEFICARY: NINGBO GREEN VEGETABLES CORP. 4F GREEN BUILDING,
　　　　　　 NINGBO, CHINA
CURRENCY CODE: USD
AMOUNT: 28000.00
AVAILABLE WITH....BY...: ANY BANK BY NEGOTIATION
DRAFT AT: SIGHT FOR FULL INVOICE COST
DRAWEE: THE YAMAGUCHI BANK, LTD., THE TOKYO, TOKYO, JAPAN
PARTIAL SHIPMENT: PROHIBITED
TRANSSHIPMENT: PROHIBITED
LOADING ON BOARD: CHINESE PORT
FOR TRANSPORTATION TO: JAPANESE PORT
LATEST DATE OF SHIPMENT: 140825
DESCRIPTION OF GOODS: QUICK FROZEN VEGETABLES CIF JAPANESE
DOCUMENTS REQUIRED:
+ SINGED COMMERCIAL INVOICE IN 3 COPIES
+ 2/3 SET OF CLEAN ON BOARD OCEAN BILLS OF LADING MADE OUT TO

ORDER AND BLANK ENDORSED AND MARKED FREIGHT PREPAID AND NOTIFY APPLICANT AND SHOWING L/C NO. + MARINEINSURANCE POLICY BLANK ENDORSED FOR FULL CIF VALUE PLUS 10 PCT COVERING FPA AND SRCC CLAIM IF ANY PAYABLE AT OSAKA JAPAN IN THE CURRENCY OF DRAFT

【资料二】
补充资料

1. S/C NO. GV08034
2. UNIT PRICE：CIF TOKYO USD 560.00 PER M/T
3. PACKING：IN CARTONS OF 10KGS EACH
4. G. W.：11KGS EACH
5. QUANTITY：4500CTNS
6. PORT OF LOADING：SHANGHAI
7. PORT OF DISCHARGE：OSAKA
8. MEAS：0.05 CBM EACH
9. SHIPPED PER M/V："RED STAR" V.162
10. B/L NO. 008
11. INVOICE NO. GB130109 DATE：130815
12. SHIPPING MARKS：SAWA
    TOKYO
    NO. 1－4500
13. CONTAINER NO. COSU3771367，COSU3771368，COSU3771369，COSU3771370
14. SEAL NO. 32280，32281，32282，32283
15. DATE OF SAILING：2014 年 8 月 25 日
16. 装箱地点：宁波联集仓库，长江路 280 号
17. 要求使用 40′冷冻集装箱

集装箱货物托运单

Shipper（发货人）		货主留底	第一联
Consignee（收货人）			
Notify Party（通知人）			
Pre-carriage by（前程运输）	Place of Receipt（收货地点）		
Ocean Vessel（船名）Voy. No.（航次）	Port of Loading（装货港）		

续 表

Port of Discharge（卸货港）	Place of Delivery（交货地点）	Final Destination for the Merchant's Reference（目的地）	
Container No.（集装箱号）	Seal No.（封志号）Marks & Nos.（标记与号码）	No of Containers or P'kgs.（箱数或件数）	Kind of Package：Description of Goods（包装种类与货名）	Gross Weight 毛重（千克）	Measurement 尺码（立方米）
Total Number of Containers or Packages (IN WORDS) 集装箱数或件数合计（大写）					
Freight & Charges（运费与附加费）	Revenue Tons（运费吨）	Rate（运费率）	Per（每）	Prepaid（运费预付）	Collect（到付）
Ex. Rate（兑换率）	Prepaid at（预付地点）		Payable at（到付地点）	Place of Issue（签发地点）	
	Total Prepaid（预付总额）		No. of Original B(s)/L（正本提单份数）		
Service Type on Receiving □-CY □-CFS □-DOOR	Service Type on Delivery □-CY □-CFS □-DOOR		Reefer Temperature Required（冷藏温度）	°F	℃
Type Of Goods（种类）(20)	□Ordinary（普通） □Reefer（冷藏） □Dangerous（危险） □Auto（裸装车辆） □Liquid（液体） □Live Animal（活动物） □Bulk（散货） □_____			危险品	Class： Property： IMDG Code Page： UN No.
可否转船：		可否分批：			
装　期：		有效期：			
金　额：					
制单日期：					

第二题

制单要求：

根据下列外商来证及有关信息编制提单及集装箱号为COSU2346187的集装箱装箱单。

【资料一】

AWC-23-522号合同项下商品的有关信息如下：

该批商品用纸箱包装，每箱装10盒，每箱净重为75千克，毛重为80千克，纸箱尺寸为113×56×30 cm³，商品编码为6802.2110。

货物由"VICTORY"轮103E航次运送出海。提单号：BNKU00011，发票号：XT0401。货物存放在厦门海沧中原物流仓库内，装箱由仓库负责。装箱日为2014年7月25日，集装箱号COSU2346187、COSU2346188，封志号：84928、84928，集装箱皮重2200公斤，货物平均放入两个集装箱中。集卡车牌号：闽A-69416，闽A-63716集卡司机：陈刚、王梅，仓库管理员：丁雅琴。船舶从厦门港的开航日期为2014年7月27日。

【资料二】

信用证信息如下：

FROM：HONGKONG AND SHANGHAI BANKING CORP.，HONGKONG

TO：BANK OF CHINA，XIAMEN BRANCH，XIAMEN CHINA

TEST：12345 DD. 140705 BETWEEN YOUR HEAD OFFICE AND US. PLEASE CONTACT YOUR NO. FOR VERIFICATION.

WE HEREBY ISSUED AN IRREVOCABLE LETTER OF CREDIT

NO. HKH123123 FOR USD8,440.00，DATED 140705.

APPLICANT：PROSPERITY INDUSTRIAL CO. LTD.

342-3 FLYING BUILDING KINGDOM STREET，HONGKONG

BENEFICIARY：XIAMEN TAIXIANG IMP. AND EXP. CO. LTD.

NO. 88 YILA ROAD 13F XIANG YE BLOOK RONG HUA BUILDING，XIAMEN，CHINA

THIS L/C IS AVAILABLE WITH BENEFICIARY'S DRAFT AT 30 DAYS AFTER SIGHT DRAWN ON US ACCOMPANIED BY THE FOLLOWING DOCUMENTS：

1. SIGNED COMMERCIAL INVOICE IN TRIPLICATE.

2. PACKING LIST IN TRIPLICATE INDICATING ALL PACKAGE MUST BE PACKED IN CARTON/ NEW IRON DRUM SUITABLE FOR LONG DISTANCE OCEAN TRANSPORTATION.

3. CERTIFICATE OF CHINESE ORIGIN IN DUPLICATE.

4. FULL SET OF CLEAN ON BOARD OCEAN MARINE BILL OF LADING MADE OUT TO ORDER AND BLANK ENDORSED MARKED "FREIGHT PREPAID" AND NOTIFY APPLICANT.

5. INSURANCE POLICY OR CERTIFICATE IN DUPLICATE ENDORSED IN BLANK FOR THE VALUE OF 110 PERCENT OF THE INVOICE COVERING FPA/WA/ALL RISKS AND WAR RISK AS PER CIC DATED 01/01/1981.

SHIPMENT FROM：XIAMEN，CHINA

SHIPMENT TO：HONGKONG

LATEST SHIPMENT AUGUST 31,2014

PARTIAL SHIPMENT IS ALLOWED, TRANSSHIPMENT IS NOT ALLOWED.

COVERING SHIPMENT OF：

COMMODITY AND SPECIFICATIONS	QUANTITY	UNIT PRICE	AMOUNT
			CIF HONGKONG
1625/3D GLASS MARBLE	2000BOXES	USD2.39/BOX	USD4,780.00
1641/3D GLASS MARBLE	1000BOXES	USD1.81/BOX	USD1,810.00
2506D GLASS MARBLE	1000BOXES	USD1.85/BOX	USD1,850.00

SHIPPING MARK: P.7.
　　　　　　　　HONGKONG
　　　　　　　　NO. 1-400

ADDITIONAL CONDITIONS:

5 PERCENT MORE OR LESS BOTH IN QUANTITY AND AMOUNT IS ALLOWED.

ALL BANKING CHARGES OUTSIDE ISSUING BANK ARE FOR ACCOUNT OF BENEFICIARY.

DOCUMENTS TO BE PRESENTED WITHIN 15 DAYS AFTER THE DATE OF ISSURANCE OF THE SHIPPING DOCUMENT BUT WITHIN THE VALIDITY OF THE CREDIT.

INSTRUCTIONS:

NEGOTIATING BANK IS TO SEND DOCUMENTS TO US IN ONE LOT BY DHL.

UPON RECEIPT OF THE DOCUMENTS IN ORDER WE WILL COVER YOU AS PER YOUR INSTRUCTIONS.

L/C EXPIRATION: 15 SEP. 2014.

THIS L/C IS SUBJECT TO UNIFORM CUSTOMS AND PRACTICE FOR DOCUMENTARY CREDITS INTERNATIONAL CHAMBER OF COMMERCE PUBLICATION NO. 600.

PLEASE ADVISE THIS L/C TO THE BENEFICIARY WITHOUT ADDING YOUR CONFIRMATION. THIS TELEX IS THE OPERATIVE INSTRUMENT AND NO MAIL CONFIRMATION WILL BE FOLLOWED.

提单:

Bill of Lading

Shipper	B/L No.
	PORT TO PORT OR COMBINED TRANSPORT RECEIVED by the carrier as specified below in apparent good order and condition unless otherwise stated, the goods shall be transported to such place as agreed, authorized or permitted herein and subject to all the terms and conditions whether written, typed, stamped, printed, or incorporated on the front and reverse side hereof which the Merchant agrees to be bound by accepting this Bill of Lading, any local privileges and customs notwithstanding.
Consignee	
Notify Party	

Precarriage by	Place of Receipt	The particulars given below as stated by the shipper, the weight, measure, quantity condition, contents and value of goods are unknown to the carrier. In WITNESS whereof one (1) original Bill of Lading has been signed if not otherwise stated below, the same being accomplished the other (s), if any, to be void, if required by the carrier one (1) original Bill of lading must be surrendered duly endorsed in exchange for the goods or delivery order. **ORIGINAL**
Vessel Voy. No.	Port of Loading	
Port of Discharge	Final Destination	

PARTICULARS FURNISHED BY THE MERCHANT					
Container No. /Seal No. Marks & Numbers	No. of Containers or Packages	Description of Goods	Gross Weight	Measurement

Total Number of Containers or Packages (IN WORD)

Freight & Charges	Rate	Unit	Prepaid	Collect

Excess Value Declaration		Temperature Control Instructions
Prepaid at	Payable at	
Number of Original Bills of Lading		IN WITNESS of the number of original Bills of Lading stated above have been signed, one of which being accomplished, the other(s) to be void.
Place of issue		
Date of issue		FOR THE CARRIER

集装箱装箱单：

CONTAINER LOAD PLAN
装 箱 单

Shipping Agent Copy 船代联

Reefer Temperature Required 温度要求			
Class 等级	IDG Page 危险页码	UN NO. 联合国编号	Flashpoint 闪点

Ship's Name/Voy No. 船名/航次		Port of Loading 装港	Port of Discharge 卸港	Place of Delivery 交货地	SHIPPERS PACKERS DECLARATIONS: We hereby declare that the container has been thoroughly cleaned without any evidence of cargoes of previous shipment prior to vanning and cargoes has been properly stuffed and secred
Container No. 箱号		B/L No. 提单号	Packages & packing 件数与包装	Gross weight 毛重	Measurements 尺码	Description of Goods 货名	Marks & Numbers 唛头
Seals No. 封号	Cont Type 箱类 GP=普通箱 TK=油罐箱 RF=冷藏箱 PF=平板箱 OT=开顶箱 HC=高箱 FR=框架箱 HT=挂衣箱						
Cont Size 箱型 20' 40' 45'							
ISO Code for Container Size/Type 箱型/箱类 ISO 标准代码(7)							
Packer's Name/address 装箱人名称/地址(8)							
TEL NO. 电话号码							
Packing Date 装箱日期(9)		Received by Drayman 驾驶员签收 及车号(10)	Total Packages (4) 总件数	Total Cargo wt(5) 总货重	Total Meas 总尺码(6)	Remarks: 备注	
Packed by 装箱人签名(11)		Received by Terminals/Date of Receipt 码头收箱签收和收箱日期		Cont Tare Wt 装箱皮重(12)	Cgo/Cont Total wt 货/箱总重量(13)		

第三题

制单要求：
请根据以下资料完成装货单的制作。

【资料一】

上海锦衣制衣有限公司（以下简称锦衣，SHANGHAI JINYI UNIFORM CO., LTD. 地址：B - BLD NO. 2 WEST SECTION YINXIAN ROAD SHANGHAI, CHINA）与美国纽约 MEIMEI 服饰有限公司（MEIMEI PROMINENT USA LLC.；地址：1411 BROADWAY NEW YORK N. Y. 10018；电话：212 - 827 - 5667）建立合作关系，双方通过交谈与沟通，在经过反复磋商与谈判后，决定采用信用证的货款支付方式，并且从价格、装卸条款、保险以及相关费用等方面达成一致。在 2014 年 2 月 14 日双方签订了交易合同，约定 2014 年 5 月 1 日前上海锦衣制衣有限公司将一批总共 4668 包裹、5411 kg、81.55 m^3 的成衣从上海港出运，经美国长滩（LONG BEACH）中转后运到目的港波士顿，再通过铁路运到美国纽约 MEIMEI 服饰有限公司。2014 年 3 月 2 日，上海锦衣制衣有限公司委托上海爱宝物流有限公司办理出口事宜，并与上海爱宝物流有限公司签订了订舱协议书，且要求四天后去工厂装箱。但是上海爱宝物流有限公司操作员小王不慎将目的港订错，导致四天后无法去装箱。在重新订舱的这段时间里，上海锦衣制衣有限公司又与美国方签订了新的合同，答应美方加订 700 个包裹、730 kg、18.45 m^3 的货物。两批货物分两个柜子装，以同一票货出运，并再次约定在 2014 年 3 月 19 号早上 8 点装箱。（装箱地点：上海锦衣大道 511 号西门；联系人：章经理）

【资料二】

上海爱宝物流有限公司得到船公司的订舱确认书上信息如下：
DESCRIPTION：WOMEN'S SPORTCOAT(MADE OF 95PCT WORSTED WOOL)
　　　　　　　WOMEN'S PANT（MADE OF 85PCT POLYESTER WOVEN FABRIC）
CNEE：TO ORDER
NF：MEIMEI PROMINENT USA LLC.
　　1411 BROADWAY NEW YORK, N. Y. 10018
　　TEL：212 - 827 - 5667
ALSO NF：USA MERCHANT BANK OF BOSTON BRANCH
V/V：H. HONGKONG 029E
B/L：APLU065210478
CNTR NO. & SEAL NO. & TYPE QUANTITY & GW & MSMT
BPZU0450531　BPB4749563　D40　86　CY/CY　2700PKGS　2162 KG　57.89CBM
BPCU0451832　BPB4749569　D40　86　CY/CY　2668PKGS　3979 KG　42.11CBM
FREIGHT & CHARGES：USD3200（出口商与货代之间），运费到付
BOOKING APPROVED BY：MAR. 24, 2014
PLACE ISSUED：SHANGHAI, CHINA

集装箱货物装货单

Shipper（发货人）		S/O No.（编号）	
Consignee（收货人）		装货单 SHIPPING ORDER	第五联
Notify Party（通知人）			
Pre-carriage by（前程运输）	Place of Receipt（收货地点）		
Ocean Vessel（船名）Voy. No.（航次）	Port of Loading（装货港）		
Port of Discharge（卸货港）	Place of Delivery（交货地点）	Final Destination for the Merchant's Reference（目的地）	

Container No.（集装箱号）	Seal No. Marks & Nos.（封志号标记与号码）	No of Containers or P'kgs.（箱数或件数）	Kind of Package：Description of Goods（包装种类与货名）	Gross Weight 毛重（公斤）	Measurement 尺码（立方米）

Total Number of Containers or Packages (IN WORDS)
集装箱数或件数合计（大写）

Freight & Charges（运费与附加费）	Revenue Tons（运费吨）	Rate（运费率）	Per（每）	Prepaid（运费预付）	Collect（到付）

Ex. Rate（兑换率）	Prepaid at（预付地点）	Payable at（到付地点）	Place of Issue（签发地点）	
	Total Prepaid（预付总额）	No. of Original B(s)/L（正本提单份数）		

Service Type on Receiving ☐-CY ☐-CFS ☐-DOOR	Service Type on Delivery ☐-CY ☐-CFS ☐-DOOR	Reefer Temperature Required（冷藏温度）	℉	℃
Type Of Goods（种类）(20)	☐Ordinary（普通） ☐Reefer（冷藏） ☐Dangerous（危险） ☐Auto（裸装车辆）	危险品	Class： Property： IMDG Code Page： UN No.	
	☐Liquid（液体） ☐Live Animal（活动物） ☐Bulk（散货） ☐_____			

第四题

制单要求：

请依照以下资料，将航空货运单填制完整。

【资料一】

1. 航空公司收取CNY50元的货运单费。
2. 该批货物按普通货物计收运费，对应的运价为CNY77.00/KGS。

北京首都国际机场：PEK　　　　纽约肯尼迪国际机场：JFK

3. 运单号：999-20491870
4. Agent's IATA CODE：08-30231
5. 签单2014.6.30

【资料二】

国际货物托运书（SHIPPERS LETTER OF INSTRUTION）

托运人姓名及地址 SHIPPER NAME AND ADDRESS CHINA INDUSTRY CORP., BEIJING. P.R. CHINA TEL：86(10)64596666　FAX：86(10)64598888	托运人账号 SHIPPERS ACCOUNT NUMBER	供承运人用 FOR CARRIAGE USE ONLY	
		班期/日期 FLIGHT/DAY	航班/日期 FLIGHT/DYA
		CA921/30 JUL, 2014	
收货人姓名及地址 Consignee's NAME AND ADDRESS NEWYORK SPORT IMPORTERS, NEWYORK, U.S.A TEL：78789999	收货人账号 CONSIGNEE ACCOUNT NUMBER	已预留吨位 BOOKED	
		运费　CHARGES 　　　CHARGES PREPAID	
代理人的名称和城市 Issuing Carriers Agent Name and City KUNDA AIR FRIGHT CO. LTD		ALSO notify	
始发站　AIRPORT OF DEPARTURE CAPTIAL INTERNATIONAL AIRPORT			
到达站　AIRPORT OF DESTINATION JOHN KENNEDY AIRPORT (JFK)			

续 表

托运人声明价值 SHIPPERS DECLARED VALUE		保险金额 AMOUNT OF INSURANCE	所附文件 DOCUMENT TO ACCOMPANY AIR WAYBILL
供运输用 FOR CARRIAGE NVD	供海关用 FOR CUSTOMS NCV	XXX	I COMMERCIAL INVOICE

处理情况(包括包装方式、货物标志及号码) HANDING INFORMATION (INGL METHOD OF PACKING IDENTFYING AND NUMBERS) KEEP UPSIDE

件数 NO. OF PACKAGES	实际毛重 ACTUAL GROSS WEIGHT (KG.)	运价种类 RATE CLASS	收费重量 CHARGEABLE WEIGHT	费率 RATE/ CHARGE	货物品名及数量(包括体积或尺寸) NATURE AND QUANTITY OF GOODS (INCL. DIMENSION OF VOLUME)
4	53.8				MECHINERY DIMS: $70 \times 47 \times 35$ cm^3 $\times 4$

航空货运单

Shipper's Name and Address	Shipper's Account Number		
			Copies 1, 2 and 3 of this Air Waybill are originals and have the same validity.
Consignee's Name and Address	Consignee's Account Number		It is agreed that the goods described herein are accepted for carriage in apparent good order And condition (except as noted) and SUBJECT TO THE CONDITIONS OF CONTRACT ON THE REVERSE HEREOF. ALL GOODS MAY BE CARRIED BY AND OTHER MEANS INCLUDING ROAD OR ANY OTHER CARRIER UNLESS SPECIFIC CONTRARY INSTRUCTIONS ARE GIVEN HEREON BY THE SHIPPER. THE SHIPPER'S ATTENTION IS DRAWN TO THE NOTICE CONCERNING CARRIER'S LIMITATION OF LIABILITY. Shipper may increase such limitation of liability by declaring a higher value for carriage and paying a supplemental charge if required.
Issuing Carrier's Agent Name and City			Accounting Information
Agent's IATA Code	Account No.		
Airport of Departure (Addr. of First Carrier) and Requested Routing			

To JFK	By First Carrier CA921	Routing and Destination	to	by	to	by	Currency	CHGS Code	WT/VAL PPD COLL	Other PPD COLL	Declared Value for Carriage	Declared Value for Customs
Airport of Destination			Flight/Date				Amount of Insurance				INSURANCE - If Carrier offers insurance, and such insurance is requested in accordance with the conditions thereof, indicate amount to be insured in figures in box marked "Amount of Insurance."	

For carrier Use Only

(For USA only) These commodities licensed by U.S. for ultimate destination ....Diversion contrary to U.S. law is prohibited

No of Pieces RCP	Gross Weight	Kg lb	Rate Class Commodity Item No.	Chargeable Weight	Rate	Charge	Total	Nature and Quantity of Goods (incl. Dimensions or Volume)

Prepaid Weight Charge		COLLECT	Other Charges	
	Valuation Charge			
	Tax			
	Total other Charges Due Agent		Shipper certifies that the particulars on the face hereof are correct and that insofar as any part of the condition for carriage by air according to the applicable Dangerous Goods Regulations.	
	Total other Charges Due Carrier			
			......Signature of Shipper or his Agent......	
Total Prepaid		Total Collect		
Currency Conversion Rates		CC Charges in Dest. Currency		
For Carrier's Use only at Destination		Charges at Destination	Executed on (date) at(place) Signature of Issuing Carrier or its Agent	
			Total Collect Charges	

第五题

制单要求：

请根据以下资料，编制拼箱货运的船东提单。

【资料一】拼箱货物信息

货主	DESCRIPTION	WEIGHT	MEASUREMENT	QUANTITY
1	PRINTED CLOTH	4000KGS	8M^3	100CTNS
2	SPARE PARTS	13000KGS	5M^3	250CASES
3	COTTON CORDUROY	2000KGS	10M^3	80ROLLS

【资料二】运输信息

(1) NVOCC：SHANGHAI COGNIS FORWARDING CORP

(2) B/L NO：COSU 41600360

(3) HB/L NO：COSU 41600360B

(4) PORT OF SHIPMENT：SHANGHAI

(5) PORT OF DISCHARGE：PORT KLANG

(6) VESSEL：KOTA PERDANA V. D1005

(7) 20′GP×1

(8) FRIGHT PREPAID DDC COLLECT

(9) THREE ORIGINAL ON BOARD B/L

(10) CN/SN：COSU3466155/001267

(11) AGENT OF DISCHARGE PORT：
    CONTFREIGHT FORWARDING SDN BHD
    2ND FLOOR，WESTPORT BUSINESS CENTRE，
    42000 PORT KELANG，MALAYSIA
    TEL：60356380080

FAX：60356312080

(12) ON BOARD DATE：20××年3月3日

(13) N/M

(14) 船公司加注：STC

【资料三】空白提单

Bill of Lading

Shipper (2)		B/L No. (1)		
		RECEIVED by the carrier as specified below in apparent good order and condition unless otherwise stated, the goods shall be transported to such place as agreed, authorized or permitted herein and subject to all the terms and conditions whether written, typed, stamped, printed, or incorporated on the front and reverse side hereof which the Merchant agrees to be bound by accepting this Bill of Lading, any local privileges and customs notwithstanding. The particulars given below as stated by the shipper, the weight, measure, quantity condition, contents and value of goods are unknown to the carrier. In WITNESS whereof one (1) original Bill of Lading has been signed if not otherwise stated below, the same being accomplished the other(s), if any, to be void, if required by the carrier one (1) original Bill of lading must be surrendered duly endorsed in exchange for the goods or delivery order.			
Consignee (3)				
Notify Party (4)				
Precarriage by *	Place of Receipt *			
Vessel Voy. No.	Port of Loading			
Port of Discharge	Place of Delivery *	ORIGINAL		
PARTICULARS FURNISHED BY THE MERCHANT				
Container No. /Seal No. Marks & Numbers (5)	No. of Containers or Packages (6)	Description of Goods (7)	Gross Weight (8)	Measurement (9)
TOTAL NUMBER OF CONTAINERS OR PACKAGES (IN WORD) (10)				
Freight & Charges	Rate	Unit	Prepaid	Collect
Excess Value Declaration		Temperature Control Instructions		
Prepaid at	Payable at			
Number of Original Bills of Lading		IN WITNESS of the number of original Bills of Lading stated above have been signed, one of which being accomplished, the other(s) to be void.		
Place of DATE issue				
				FOR THE CARRIER

* Applicable only when Document used as a Combined Transport Bill of Lading
STANDARD FORM 2003

第六题

制单要求：

请根据以下资料编制出口货物报关单。

【资料一】

上海嘉华电子商贸有限公司（海关注册编号3102912347）出口其合同项下的电子产品一批，该公司委托上海天宇报关行于2014年12月30日持出境货物通关单，向浦东机场海关（2201）申报，12月31日货物出口，核销单号：328765432，生产单位：江苏仁宝电脑工业有限公司，法定计量单位为：台，商品编号：84716011。

【资料二】

上海嘉华电子商贸有限公司
SHANGHAI JIAHUA ELECTRONICS CO., LTD.
18 ZHONGSHAN ROAD, SHANGHAI, CHINA
INVOICE

TO: M/S FEWNO TRADING CO., LTD, TURKEY   NO. OF INVOICE: JHSH3489
                                           DATE: DEC. 28, 2014
SHIPPED PER BY FLIGHT/FM3345 From SHANGHAI to ISTANBUL on or about DEC 31, 2014
L/C No. D/P   SALES CONFIRMATIONNO JHSH1103
ABW NO. 999-467844356

Description of Goods	Unit Price	Quantity	Amount
17″液晶显示器 19″液晶显示器	USD254.00 USD289.00	40 PCS 32 PCS	FCA SHANGHAI USD10106.00 USD9248.00 F: USD3000.00 I: 3‰

【资料三】

上海嘉华电子商贸有限公司
SHANGHAI JIAHUA ELECTRONICS CO., LTD.
18 ZHONGSHAN ROAD, SHANGHAI, CHINA
PACKING LIST

TO: M/S FEWNO TRADING CO., LTD, TURKEY   NO. OF INVOICE: JHSH3489
                                           DATE: DEC. 28, 2014
SHIPPED PER BY FLIGHT/FM3345 From SHANGHAI to ISTANBUL on or about DEC 31, 2014
L/C No. D/P   SALES CONFIRMATIONNO: JHSH1103
Country of Origin: CHINA

Marks&Nos.	Number and Kind of Packages Description Of Goods	Quantity	Gross Weight	Net Weight
N/M	17″液晶显示器 40 CTNS 19″液晶显示器 32 CTNS	40 PCS 32 PCS	400 KGS 320 KGS	320 KGS 256 KGS

中华人民共和国海关出口货物报关单

预录入编号：　　　　　　　　海关编号：

收发货人		出口口岸	出口日期	申报日期
生产销售单位		运输方式	运输工具名称	提运单号
申报单位		监管方式	征免性质	备案号
贸易国(地区)	运抵国(地区)	指运港		境内货源地
许可证号	成交方式	运费	保费	杂费
合同协议号	件数	包装种类	毛重(公斤)	净重(公斤)
集装箱号	随附单据			
标记唛码及备注				

项号	商品编号	商品名称、规格型号	数量及单位	最终目的地(地区)	单价	总价	币制	征免

特殊关系确认：		价格影响确认：	支付特权使用费确认：	
录入员	录入单位	兹声明对以上内容承担如实申报、依法纳税之法律责任	海关批注及盖章	
报关人员		申报单位(签章)		

第七题

制单要求：

请根据以下资料，编制报关委托书和进口货物报关单。

资料一： 上海惠普有限公司（2201250221）委托上海顺达贸易发展公司（2201213070）于2014年11月1日进口设备一批。11月2日，顺达贸易与上海雅达报关公司签订报关委托，委托有效期为1个月，并将报关随附单证（合同、发票、装箱单、提单）转交雅达报关。5日，上海雅达报关公司凭入境货物通关单（编号 4403002010016448）等有关单证，向上海浦东海关（2211）报关。商品编码为：84411000，法定计量单位为：台，保险费率0.3%。

资料二：

HAIDA HEALTH MANAGEMENT LTD.
TONG SHING BUILDING A，80 SHEUNGSHA WAN ROAD
KOWLOON，U.S.A

INVIOCE

NO. SH04－10－001　　　　　　　　　　　　　Date：October 28，2014

INVOICE of
For account and risk Messrs. SHANGHAI SHUNDA TRADE DEVELOPMENT CORP.
9/F No. 266 DONGFENG XI RD, SHANGHAI P. R. CHINA 上海顺达贸易发展公司 2201213070（上海浦东新区）
Shipped by HAIDA HEALTH MANAGEMENT LTD. PER QIAN JIN 308
Sailing on or about Oct. 31, 2014 From BOSTON U.S.A to PUDONG PORT, SHANGHAI CHINA VIA HONGKONG
L/C No. 360LC010050115

Marks & Nos.	Description of Goods	Quantity	Unit Price	Amount
VADI BOSTON U.S.A C/NO. 1-10	VIDD CUTTING MACHINES （VI-400）（VIDD牌 切纸机 VI-400）COUNTRY OF ORIGIN：The Kingdom of Norway	80 PCS	CFR SHANGHAI USD 6500.00	USD 520000.00
		80 PCS		USD 520000.00
	SAY TOTAL U.S. DOLLARS FIFTY TWO THOUSAND ONLY			

HAIDA HEALTH MANAGEMENT LTD. CANADA

资料三:装箱单

HAIDA HEALTH MANAGEMENT LTD.
TONG SHING BUILDING A, 80 SHEUNGSHA WAN ROAD
KOWLOON, U.S.A

PACKING LIST

S/C NO. SH04-10-001　　　　　　　　　　　　　Date: October 28, 2014

　　　　　　　　　　　　　　　　　　　　　　　B/L NO.: SH0103580

PACKING LIST of

For account and risk Messrs. SHANGHAI SHUNDA TRADE DEVELOPMENT CORP

9/F No. 266 DONGFENG XI RD,

SHANGHAI, P. R. CHINA

Shipped by HAIDA HEALTH MANAGEMENT LTD. PER QIAN JIN 308

Sailing on or about Oct. 31, 2014 From BOSTON U.S.A to PUDONG PORT SHANGHAI CHINA VIA HONGKONG

Packing No	Description	Quantity	N/W	G/W	Measurement
VADI BOSTON U.S.A C/NO. 1-10	VIDD CUTTING MACHINES(VI-400) (VIDD牌 切纸机 VI-400)	80PCS	@144KGS	@156KGS	
	TOTAL: 10CASES	80 PCS	1440 KGS	1560 KGS	
	SAY TOTAL 10 CASES ONLY. 2×40' CONTAINER CONTAINER NO. ABTU136898-9　TARE:3380 KGS 　　　　　　　　ABTU136899-10　TARE:3380 KGS				

HAIDA HEALTH MANAGEMENT LTD. CANADA

代理报关委托书

　　　　　　　　　　　　　　　　　　　　　　　编号:_____

_____:

　　我单位现_____(A. 逐票　B. 长期)委托贵公司代理_____等通关事宜。(A. 填单申报　B. 辅助查验　C. 垫缴税款　D. 办理海关证明联　E. 审批手册　F. 核销手册　G. 申办减免税手续　H. 其他)详见《委托报关协议》。

　　我单位保证遵守《海关法》和国家有关法规,保证所提供的情况真实、完整、单货相符。否则,愿承担相关法律责任。

　　本委托书有效期自签字之日起至_____年_____月_____日止。

　　　　　　　　　　　　　　　　　　　　　委托方(盖章):

　　　　　　　　　　　　　　　　　　法定代表人或其授权签署代理报关委托书的人(签字)

　　　　　　　　　　　　　　　　　　　　　　　　年　　月　　日

委托报关协议

为明确委托报关具体事项和各自责任,双方经平等协商签订协议如下:

委托方				被委托方			
主要货物名称				*报关单编码	No.		
HS 编码				收到单证日期	年 月 日		
货物总价				收到单证情况	合同□	发票□	
进出口日期	年 月 日				装箱清单□	提(运)单□	
提单号					加工贸易手册□	许可证件□	
贸易方式					其他 商检证		
原产地/货源地				报关收费	人民币: 元		
其他要求:				承诺说明			
背面所列通用条款是本协议不可分割的一部分,对本协议的签署构成了对背面通用条款的同意。				背面所列通用条款是本协议不可分割的一部分,对本协议的签署构成了对背面通用条款的同意。			
委托方业务签章:				被委托方业务签章:			
经办人签章:				经办报关员签章:			
联系电话:	年 月 日			联系电话:	年 月 日		

(白联:海关留存、黄联:被委托方留存、红联:委托方留存)　　中国报关协会监制

中华人民共和国海关进口货物报关单

预录入编号：　　　　　　　　海关编号：

收发货人		进口口岸	进口日期	申报日期
消费使用单位		运输方式	运输工具名称	提运单号
申报单位		监管方式	征免性质	备案号
贸易国(地区)	启运国(地区)	装货港	境内目的地	
许可证号	成交方式	运费	保费	杂费
合同协议号	件数	包装种类	毛重(公斤)	净重(公斤)
集装箱号	随附单据			
标记唛码及备注				

项号	商品编号	商品名称、规格型号	数量及单位	原产国(地区)	单价	总价	币制	征免

特殊关系确认：　　　　价格影响确认：　　　　支付特权使用费确认：

录入员　　　　录入单位	兹声明对以上内容承担如实申报、依法纳税之法律责任 报关人员　　　　　申报单位(签章)	海关批注及盖章

第四部分　国际货代综合单证制作

第一题　出口业务单证制作

背景资料

苏州FFF贸易有限公司与美国詹姆斯公司签订一份陶瓷餐具套装的出口合同，拟于2014年4月30日前从上海口岸出口。

资料一：合同

SALES CONFIRMATION

S/C NO. FFF04027

DATE: APR. 03,2014

THE SELLER:　　　　　　　　　　　THE BUYER:
FFF TRADING CO., LTD.　　　　　　JAMES BROWN & SONS
3TH FLOOR KINGSTAR MANSION,　　#304-310 JALAN STREET,
676 JINLIN RD., SUZHOU, CHINA　　LOS ANGELES, USA

ART. NO.	COMMODITY	QUANTITY	UNIT PRICE	AMOUNT
	CHINESE CERAMIC DINNERWARE		FOB SHANGHAI	
HX1115	35PCS DINNERWARE & TEA SET	542SETS	USD23.50/SET	USD12737.00
HX2012	20PCS DINNERWARE SET	800SETS	USD20.40/SET	USD16320.00
HX4405	47PCS DINNERWARE SET	443SETS	USD23.20/SET	USD10277.60
HX4510	95PCS DINNERWARE SET	254SETS	USD30.10/SET	USD7645.40
	TOTAL	2039SETS		USD46980.00

TOTAL CONTRACT VALUE: SAY US DOLLARS FORTY SIX THOUSAND NINE HUNDRED EIGHTY ONLY.

PACKING: HX2012, HX4510 IN CARTONS OF 2 SETS EACH AND
　　　　　　HX1115, HX4405 TO BE PACKED IN CARTONS OF 1 SET EACH ONLY.
PORT OF LOADING & DESTINATION: FROM SHANGHAI TO TORONTO, VIA LOS ANGELES
TIME OF SHIPMENT: TO BE EFFECTED BEFORE THE END OF APRIL 2014 WITH PARTIAL SHIPMENT NOT ALLOWED AND TRANSSHIPMENT ALLOWED.
TERMS OF PAYMENT: THE BUYER SHALL OPEN THROUGH A BANK ACCEPTABLE TO THE SELLER AN IRREVOCABLE L/C AT 30 DAYS AFTER SIGHT TO REACH THE SELLER BEFORE APRIL 10, 2014 VALID FOR NEGOTIATION IN CHINA UNTIL THE 15TH DAY AFTER THE DATE OF SHIPMENT.

THE SELLER:　　　　　　　　　　　THE BUYER:
FFF TRADING CO., LTD.　　　　　　JAMES BROWN & SONS
　　×××× 　　　　　　　　　　　**********

资料二：信用证

RECEIVED FROM: THE ROYAL BANK OF AMERICAN
                BRITISH COLUMBIA INT'L CENTRE
                1055 WEST GEORGIA STREET, NY, USA

MESSAGE TYPE: MT700   ISSUE OF A DOCUMENTARY CREDIT

27: SEQUENCE OF TOTAL		1/1
40A: FORM OF DOC. CREDIT		IRREVOCABLE
20: DOC. CREDIT NUMBER		14/0501-FTC
31C: DATE OF ISSUE		140408
31D: EXPIRY		DATE 140515 PLACE CHINA

50: APPLICANT

JAMES BROWN & SONS
#304-310 JALAN STREET,
LOS ANGELES, USA

59: BENEFICIARY

FFF TRADING CO., LTD.
3TH FLOOR KINGSTAR MANSION,
676 JINLIN RD., SUZHOU, CHINA

32B: AMOUNT

CURRENCY USD AMOUNT 46980.00

41D: AVAILABLE WITH/BY

ANY BANK   BY NEGOTIATION

42C: DRAFTS AT ...   30 DAYS AFTER SIGHT
42D: DRAWEE   US
43P: PARTIAL SHIPMENTS   PROHIBITED
43T: TRANSSHIPMENT   ALLOWED
44A: LOADING IN CHARGE   SHANGHAI, CHINA
44B: FOR TRANSPORT TO ...   TORONTO VIA LOS ANGELES
44C: LATEST DATE OF SHIP.   140430
45A: DESCRIPT. OF GOODS

   4 ITEMS OF CHINESE CERAMIC DINNERWARE AS FOLLOW:
   HX1115: 542SETS OF 35PCS DINNERWARE & TEA SET AT USD23.50/SET;
   HX2012: 800SETS OF 20PCS DINNERWARE SET AT USD20.40/SET;
   HX4405: 443SETS OF 47PCS DINNERWARE SET AT USD23.20/SET;
   HX4510: 254SETS OF 95PCS DINNERWARE SET AT USD30.10/SET.
   FOB SHANGHAI. AS PER S/C NO. FFF04027
      PACKING: STANDARD EXPORT PACKING

46A: DOCUMENTS REQUIRED
   + SIGNED COMMERCIAL INVOICE IN 5 COPIES.
   + PACKING LIST INDICATING THE INDIVIDUAL WEIGHT AND MEASUREMENT OF EACH ITEM.
   + BENEFICIARY'S FAX COPY OF SHIPPING ADVICE TO APPLICANT AFTER SHIPMENT ADVISING L/C NO. SHIPMENT DATE, VESSEL NAME, NAME, QUANTITY AND WEIGHT OF GOODS.

资料三：出口货物内部联系明细单

出口货物明细单

2014年4月12日		信用证号	11/0501-FTC	填制单位编号	FFF040019
		收汇方式	L/C AT 30 DAYS AFTER SIGHT	外运编号	
开证银行	THE ROYAL BANK OF AMERICAN BRITISH COLUMBIA INT'L CENTRE, 1055 WEST GEORGIA STREET, NY, USA	合同号	FFF04027		
		核销单号		许可证号	
发票抬头人	JAMES BROWN & SONS ♯304-310 JALAN STREET, LOS ANGELES, USA	贸易性质	一般贸易	贸易国别	USA
		佣金		运输方式	SEA
托运人	FFF TRADING CO., LTD. 3TH FLOOR KINGSTAR MANSION, 676 JINLIN RD., SUZHOU, CHINA	可否转运	Y	可否分批	N
提单或承运收据 — 收货人	TO ORDER OF SHIPPER	装运期限	140430	有效限期	140515
提单或承运收据 — 通知人	JAMES BROWN & SONS ♯304-310 JALAN STREET, LOS ANGELES, USA	提单特别显示	CLEAN ON BOARD OCEAN BILLS OF LADING		
提单或承运收据 — 运费	PREPAID 提单份数:3/3+1N/N				

标记唛头	货名规格及货号	包装件数	数量或尺码	毛重	净重	价格（成交条件） FOB SHANGHAI 单价	价格（成交条件） FOB SHANGHAI 总价
J.B.S. FFF040019 TORONTO C/NO. 1-UP	4 ITEMS OF CHINESE CERAMIC DINNER WARE: HX1115; 35PCS DINNERWARE & TEA SET(6911.1011) HX2012; 20PCS DINNERWARE SET(6911.1010) HX4405; 47PCS DINNERWARE SET(6911.1010) HX4510; 95PCS DINNERWARE SET(6911.1010) AS PER S/C NO. FFF04027 PACKING: STANDARD EXPORT PACKING MEAS:0.033 M³/CTN	542CTNS 400CTNS 443CTNS 127CTNS	542SETS 800SETS 443SETS 254SETS	10840KGS 9200KGS 10632KGS 7112KGS	7588KGS 6400KGS 7974KGS 5207KGS	USD23.50/SET USD20.40/SET USD23.20/SET USD30.10/SET	USD12737.00 USD16320.00 USD10277.60 USD7645.40
	TOTAL:	1512CTNS	2039SETS	37784KGS	27169KGS		USD46980.00

SAY TOTAL: FORTY SIX THOUSAND NINE HUNDRED AND EIGHTY ONLY.

外运外轮注意事项		总体积	49.896 M³
	保险单 — 险别		ALL RISKS AND WAR RISK
	保险单 — 保额		按发票金额加:10%
	保险单 — 赔款地点		LOS ANGELES IN USA
	业务员		×××

业务受理：

苏州永久物流中心（以下简称"永久物流"）是集国际空海运、国内陆运、仓储、贸易物流为一体的国内综合性第三方物流中心，为FFF贸易公司提供全方位的第三方物流服务。

2014年4月15日，永久物流客户经理张军收到FFF贸易公司（海关注册编号4401920053）的货运代理，委托其办理陶瓷餐具套装的出口业务。装船日期为：2014年4月28日。张军根据销售确认书确定此票货物为国际运输业务后，分别与公司的货代部、仓储部和上海货运站A进行联系，准备办理本批货物的出口运输业务。

租船订舱：

2014年4月17日，永久物流货代部王伟根据FFF贸易公司出具的订舱委托书进行租船订舱。并于2014年4月18日收到船代公司的订舱确认凭证，航期为：2014年4月28日，船名航次：DANU BHUM V. S009，提单号为：HACB8122145。

王伟根据订舱确认凭证/单签发送货通知给仓储部，要求其在2014年4月25日将货物运至上海洋山货运码头由上海永久物流中心货运站A准备装船。

仓储业务：

2014年4月19日，永久物流中心客户经理张军根据送货通知将发货通知交接给仓储部专门负责FFF贸易公司库存货品的仓管员陈晓，准备这批货物的出库操作。发货通知详细内容如下：

发货通知单号：ASN201406130001
收货客户：上海永久物流中心货运站A
收货地址：上海市南山区妈湾大道洋山货运码头
收货人：钱春
收货人电话：021-26823001
发货仓库：苏州永久物流中心
发货地址：苏州市白云区石井镇8号
货物名称：陶瓷餐具套装
货物规格：同出口货物明细表，如：HX2012的规格为2套/箱
货物编号：同出口货物明细表货号，如：HX2012
发货数量：同出口货物明细表
包装单位：箱

陈晓首先根据发货通知查询库存情况，FFF贸易公司所有货品都存放在编号为KF007的仓库，该货主所有货品的库存情况如下：

库区	货位	货品编号	货品名称	规格	单位	库存数量	批次	入库日期
出口6区	A11005	HX3001	陶瓷茶具套装	5套/箱	箱	450	201402	2014-02-01
出口6区	A11006	HX3001	陶瓷茶具套装	5套/箱	箱	450	201402	2014-03-11
出口6区	A11007	HX5012	陶瓷咖啡用具	10套/箱	箱	400	201401	2014-04-01
出口6区	A11008	HX1115	35#陶瓷餐具及茶具套装	1套/箱	箱	300	201403	2014-01-01

续表

库区	货位	货品编号	货品名称	规格	单位	库存数量	批次	入库日期
出口6区	A11009	HX1115	35#陶瓷餐具及茶具套装	1套/箱	箱	300	201401	2014-01-11
出口7区	A02001	HX2012	20#陶瓷餐具套装	2套/箱	箱	300	201402	2014-02-11
出口7区	A02002	HX2012	20#陶瓷餐具套装	2套/箱	箱	300	201401	2014-04-01
出口7区	A02003	HX4405	47#陶瓷餐具套装	1套/箱	箱	500	201402	2014-02-27
出口7区	A02004	HX4405	47#陶瓷餐具套装	1套/箱	箱	500	201402	2014-02-01
出口7区	A02005	HX4510	95#陶瓷餐具套装	2套/箱	箱	200	201402	2014-03-11

仓管员陈晓根据以上库存信息和按入库日期先入先出的出库规则,于2014年4月19日编制了出库单号为KB2014030214的出库单和作业单号为PK2011060023的拣货单,其中拣货单交给拣货组拣货员王刚进行拣货作业。当天下午,拣货员王刚按拣货单完成所有拣货作业并根据拣货情况在拣货单上进行反馈,所需货品没有出现库存不足等异常情况。

仓管员陈晓根据发货通知信息和实际的拣货情况对出库单进行完成作业后的反馈。于当天下午把出库单和出库的货品一起交给运输部准备出货。

根据公司日清日结的规定,2014年4月19日下班前,仓管员陈晓根据库存对FFF贸易公司所有货品按库区分别编制了出口6区(盘点单号:ST0001002)、出口7区(盘点单号:ST0001003)和出口8区(盘点单号:ST0001004)三张盘点单,盘点均采用盲盘,出口6区的盘点单交给理货组理货员赵明进行盘点,出口6区的实际盘点情况如下:

库区	货位	货品编号	货品名称	规格	单位	质量	实际数量
出口6区	A11005	HX3001	陶瓷茶具套装	5套/箱	箱	正常	10箱
出口6区	A11007	HX5012	陶瓷咖啡用具	10套/箱	箱	正常	20箱
出口6区	A11009	HX1115	35#陶瓷餐具及茶具套装	1套/箱	箱	正常	20箱

运输业务:

2014年4月20日,仓储部将出运的货物准备完成后,单证部向检验检疫局申请报检,并顺利获取出境货物换证凭单。

2014年4月22日上班之后,永久物流中心配送部计划员于科及时核对客户的出库通知及出库单信息后准备运输。计划员于科通知苏州骐达物流有限公司:于2014年4月22日提货,并将托运订单提交给苏州骐达物流有限公司客服张岚。托运订单相关信息如下:

运单号	4710000000010
托运人	苏州永久物流中心(联系人:于科;电话:0512-88352122;地址:苏州市白云区石井镇8号;邮编:215407)
托运货物	1 512箱,包装方式为纸箱,陶瓷餐具套装(货物明细见出口货物明细单)
收货人	上海永久物流中心货运站A(联系人:钱春;电话:021-26823001;地址:上海市南山区妈湾大道洋山货运码头;邮编:200066)
托运要求	(1) 要求取货和送货; (2) 于4月25日9点前到货; (3) 运单上需详细列明货物信息
结算	(1) 结算方式:月结,托运人账号:S10001; (2) 此批货物为重货,运费计算公式为:吨公里运价×运距×吨重量,苏州至上海的重货运价为0.95元/吨公里; (3) 取货、送货费各100元
投保	货值是286000元,保险费率为货值的5‰,所投保险公司为中华保险公司

苏州骐达物流有限公司张岚将托运订单信息传递给调度崔丽,崔丽根据托运订单信息进行调度安排,安排货运员蒋玉携取货通知单和空白的公路货物运单执行取货作业。4月22日11:00,蒋玉至取货地点进行取货,于12:00现场受理并填制运单号为4710000000010的公路货物运单,并请取货人签名确认,并于13:00起运。

4月25日8:00,苏州骐达物流有限公司将货物运到上海永久物流中心港务办事处。苏州到上海的运输里程为107公里。

货物报关:

4月26日,永久物流货代部持出境货物换证凭单至口岸检验检疫中心顺利换取出境货物通关单,报关员开始办理货物的报关业务。永久物流在接到FFF贸易公司提交的全套单据——合同、发票、箱单、核销单(单号:HX144243)、出境货物通关单(单号:123888881)等材料,向上海外高桥海关(2022)申请报关,办理出口货物通关业务。法定计量单位为千克。发货单位、生产单位同经营单位。

2014年4月27日,海关通关放行,该批货物于2014年4月28日顺利装船。

制单要求:

1. 请以苏州永久物流中心拣货员王刚的身份填制拣货单;
2. 请以苏州永久物流中心仓管员陈晓的身份编制出库单;
3. 请以苏州永久物流中心理货员赵明身份完成出口6区的盘点单;
4. 请以货运员蒋玉的身份填制运单号为4710000000010的公路货物运单;
5. 请以上海永久物流中心报关员的身份填制出口货物报关单;

(备注:单据填制过程中,各字段的内容须完全以题干中所提供的信息为准)

公路货物运单填制相关说明:

(1) 运单号码:填写托运单号。

(2) 托运人姓名、电话、单位、托运人详细地址、邮编:分别填写托运人的联系人姓名、电话、托运人的单位名称、托运人的地址、托运人的邮编。

(3) 托运人账号:结算方式为月结的,必须填写有效的托运人账号;其他情况(如:现结)的,该栏目为空。

(4) 取货地联系人姓名、电话、单位、取货地详细地址、邮编:分别填写取货地的联系人姓名、电话、取货单位名称、地址和邮编。

(5) 收货人姓名、电话、单位、收货人详细地址、邮编:分别填写收货的联系人姓名、电话、收货人的单位名称、地址和邮编。

(6) 收货人账号:该栏目为空。

(7) 送货地联系人姓名、电话、单位、送货地详细地址、邮编:分别填写送货的联系人姓名、电话、送货单位名称、地址和邮编。

(8) 始发站、目的站:填写城市站点名称,如:广州站。

(9) 运距、全行程:填写始发站到目的站的公路里程数。

(10) 路由:填写货物的行走路线,按以下格式填写:

不需中转(不更换运输工具)的运单	始发站—目的站,如:北京站—广州站
需中转(更换运输工具)的运单	始发站—中转站—目的站,如:北京站—武汉站—广州站

(11) 货物品名:应详细列明货物的名称,不可写简称。

(12) 起运日期:需要取货的运单填写取货完毕的时间,否则填写托运人自行送站的时间。

(13) 取货人签字、签字时间:实际取货的工作人员签字和签字时间。

(14) 计费重量、体积:填写货物的实际总重量和实际总体积。

(15) 取/送货费:填写取货费用和送货费用的合计,无取/送货费的,该栏目为空。

(16) 杂费:精确到元,无杂费的,该栏目为空。

(17) 费用小计:填写运费、取/送货费、杂费的合计。

(18) 运杂费合计:填写费用小计、保险费的合计,大写方式要用"零"补齐。

(19) 付费账号:结算方式为月结的,必须填写有效的托运人付费账号;其他情况(如:现结)的,该栏目为空。

(20) 制单人:填写初次填写单据的工作人员。

(21) 受理日期:需要取货的运单应填写取货时间,否则填写制单时间。

(22) 受理单位:填写制单人的所在工作单位名称。

出口货物报关单

(1) 出口口岸:本栏目填写载运货物的运输工具进出境地的隶属海关名称及四位代码,请按如下格式填写:隶属海关中文名称+四位代码,文字与数字之间不要空格(下同)。

(2) 备案号:指进出口货物收发货人办理报关手续时,应向海关递交的备案审批文件的编号。涉及内容是:加工贸易手册编号、加工贸易电子账册编号、实行优惠贸易协定项下原产地证书联网管理的原产地证书编号、适用ITA税率的商品用途认定证书的编号等。

(3) 出口日期:出口日期指运载出口货物的运输工具办结出境手续的日期,此处可免于填写。

(4) 申报日期:申报日期为海关计算机系统接受申报数据时记录的日期。

(5) 经营单位:本栏目应填报经营单位名称及经营单位编码,请按如下格式填写:经营单位中文名称+经营单位编码。

(6) 运输方式:此栏的填写要根据实际运输方式按海关规定的"运输方式代码表"选择、填报相应的运输方式的名称或代码。

(7) 运输工具:江海运输填报船舶编号+"/"+航次号。

(8) 提运单号:该编号必须与运输部门向海关提供的载货清单所列内容一致(包括数码、英文大小写、符号和空格),此栏目主要是填运输单据的编号。

(9) 发货单位:本栏必须填报其中文名称及编码;没有编码的,填报其中文名称。请按如下格式填写:发货单位中文名称+编码。

(10) 贸易方式(监管方式):本栏目应根据实际对外贸易情况按海关规定的"监管方式代码表"选择填报相应的监管方式简称或代码。

(11) 征免性质:本栏目应根据实际情况按海关规定的"征免性质代码表"选择填报相应的征免性质简称或代码。

(12) 结汇方式:此栏的填报应根据海关规定的"结汇方式代码表"选择填报相应的结汇方式名称。如果采用信用证结汇,此处填写信用证。

(13) 运抵国(地区):本栏目应按海关规定的"国别(地区)代码表"选择填报相应的运抵国(地区)中文名称。

(14) 指运港:本栏目应根据实际情况按海关规定的"港口航线代码表"选择填报相应的港口中文名称。指运港在"港口航线代码表"中无港口中文名称或代码的,可选择填报相应的中文名称,如:指运港为深圳。

(15) 许可证号:本栏目所涉及填报的内容,包括进(出)口许可证、两用物项和技术进(出)口许可证、纺织品临时出口许可证三类证件的编号。

(16) 境内货源地:本栏目的填报按照"国内地区代码表"选择国内地区名称或代码,本题填写货源地5位数字代码。

(17) 批准文号:本栏目的填报实行出口收汇核销管理的出口收汇核销单上的编号。

(18) 成交方式:填报相应的成交方式名称或代码。

(19) 运费:本栏应根据具体情况选择运输单价、运费总价或运费率三种方式之一填报,同时注明运费标记(运费率标记免填),并按海关规定的"货币代码表"选择填报相应的币种代码。

(20) 保险费:本栏要根据具体情况选择保险费总价或保险费率两种方式之一的填报,同时注明保险费标记(保险费率标记免填),并按照海关规定的"货币代码表"选择填报相应的币种代码。

(21) 杂费:本栏的填报应该根据具体情况选择杂费总价或杂费率两种方式其中之一来填报,同时注明杂费标记(杂费率标记免填),并按海关规定的"货币代码表"选择填报相应的币种。无杂费时本栏免填。

(22) 合同协议号:此栏填报进出口货物合同协议的全部字头和号码。

(23) 件数:本栏填报有外包装的进出口货物的实际件数。

(24) 包装种类:本栏的填写应根据进出口货物的实际外包装种类,选择填报相应的包装种类的中文名称。

(25) 毛重:本栏填报进出口货物的实际毛重,以千克计,不足1千克的填报为"1"。

(26) 净重:按照案例填写货物的净重。

(27) 集装箱号:本栏的填报方式为:集装箱号+"/"+规格+"/"+自重,例如,TBXU3605231/20/2280表示1个标准集装箱;在多于一个集装箱的情况下,其余集装箱以相同的格式填写在"标记唛码及备注"栏中,非集装箱货物填报"0"。

(28) 随附单据:本栏仅填报除进出口许可证以外的监管证件代码及编号,依据案例背景内容判断填写,例如,A:3302011104004684。

(29) 生产厂家:本栏目填报其境内生产企业,本题可免于填报。

(30) 标记唛码及备注:本栏填除货物之外的有关补充和特殊事项的说明,包括关联备案号、关联报关单号,填写以案例背景要求为准。

(31) 项号:本栏分两行填报,第一行填报货物再报关单中的商品排列序号。

(32) 商品编号:本栏目填写按照《进出口税则》确定的税则编号以及符合海关监管要求的附加编码。

(33) 商品名称、规格型号:商品名称是指进出口货物规范的中文名称,商品规格型号能反映商品的性能、品质和规格的一系列指标,例如品牌、等级、成分等,要求按照出口货物明细中的货物描述分列填写。

(34) 数量及单位:此栏填报的是进出口商品的成交数量及计量单位,以及海关法定计量范围和按照海关计量单位换算的数量,本题中的计量单位请填写中文,如:250千克。

(35) 最终目的国(地区):本栏目填写已知的出口货物最后交付的国家(地区),也最终实际消费、使用或做进一步加工制造的国家(地区)。

(36) 单价:本栏目填写商品的一个计量单位以某一种货币表示的价格。

(37) 总价:本栏目填写货物实际成交的商品总价。

(38) 币制:本栏目填写货物实际成交价格的计价货币的英文名称。

(39) 征免:本栏目应按照海关核发的"征免税证明"或有关政策规定,对报关单所列每项商品选择填报海关规定的"征减免税方式代码表"中相应的征减免税方式。

拣货单

作业单号:

货主名称		出库单号	
仓库编号		制单日期	

货 品 明 细									
序号	库区	储位	货品编号	货品名称	规格	单位	应拣数量	实拣数量	备注

制单人		拣货人	

出库单

出库单号：

货主名称					发货通知单编号			
收货客户					发货日期			
收货地址				收货人		收货人电话		
货品编号	货品名称	规格	单位	计划数量	实际数量	收货人签收数量	备注	
仓管员				制单人		收货人		

盘点单

盘点单号：

仓库编号						制单日期				
货品信息										
库区	储位	货品编号	货品名称	规格	单位	系统库存情况	实际数量	盈亏数量	损坏数量	备注
制单人						盘点人（签字）				

公路货物运单

运单号码							
托运人姓名				电话			
托运人详细地址							邮编
托运人账号							
取货地联系人姓名				电话			邮编
取货地详细地址							
收货人姓名				电话			
收货人详细地址							邮编
收货人账号							
送货地联系人姓名				电话			邮编
送货地详细地址							
始发站		目的站		起运日期	年 月 日 时	要求到货日期	年 月 日 时
运距	公里	全行程	公里	是否取送	取货 送货	是否要求回机	是 否
路由						客户单据	运单

货物名称	包装方式	件数	计费重量(kg)	体积(m³)	取货人签字	托运人或代理人签字或盖章 实际发货件数	年 月 日 时 分
							年 月 日 时 分 件
合计					送货人签字	收货人或代理人签字或盖章 实际发货件数	年 月 日 时 分
							年 月 日 时 分 件

收费项(元)	运费	取/送货费	杂费	投保	保险费	费用小计	
				不投保			
				投保金额	元 仟 佰 拾 元 角		
费用合计(大写)							万 仟 佰 拾 元 角
运杂费合计				预付款			元
结算方式	现结	月结		付费账号			
	到付			受理日期	年 月 日 时		
制单人				备注:		受理单位	

中华人民共和国海关出口货物报关单

预录入编号：　　　　　　　　海关编号：

收发货人		出口口岸	出口日期	申报日期
生产销售单位		运输方式	运输工具名称	提运单号
申报单位		监管方式	征免性质	备案号
贸易国(地区)	运抵国(地区)	指运港		境内货源地
许可证号	成交方式	运费	保费	杂费
合同协议号	件数	包装种类	毛重(公斤)	净重(公斤)
集装箱号	随附单据			
标记唛码及备注				

项号	商品编号	商品名称、规格型号	数量及单位	最终目的地(地区)	单价	总价	币制	征免

特殊关系确认：		价格影响确认：		支付特权使用费确认：	
录入员	录入单位	兹声明对以上内容承担如实申报、依法纳税之法律责任		海关批注及盖章	
报关人员		申报单位(签章)			

第二题　进口业务单证制作

背景资料

杭州康佳食品公司委托舟山海洋渔业公司(3309913303)从孟加拉国进口一批冻鳎鱼(HS CODE:03033300)。经营单位委托宁波北仑货代有限公司(报检单位登记号:123546)代为办理进口报检报关手续,货物于2014年4月10日进境。

资料一:发票

NEPTUNE SEAFOODS LTD.
102 MURADPUR MUNICIPAL HOUSING ESTATE, CHITTAGONG, BANGLADESH
COMMERCIAL INVOICE

For A/C and Risk of Messrs:
CHINA AQUATIC PRODUCTS
ZHOUSHAN MARINE FISHERIES CORPORATION
TEL:0086-580-33093476　FAX:0086-580-33093477

Invoice No. NS-E030517
Date:MARCH 20,2014
Contract No.:ZMF03029
Doc Credit No.:ZJLC03312

Description of Goods
　　FROZEN TONGUE SOLE W/R
　　　PACKING:10KGS BLOCK WITH POLY WRAPPED
　　　20KGS IS MASTER

Size	Quantity	Unit Price	Amount
		CNF NINGBO	
50-100	204CTNS/4080KGS	USD0.86/KG	USD2774.40
100-150	117CTNS/2340KGS	USD1.05/KG	USD2457.00
130-300	130CTNS/3600KGS	USD1.12/KG	USD4032.00
TOTAL	501CTNS/10020KGS		USD9263.40

TOTAL:UNITED STATES DOLLARS NINE THOUSAND TWO HUNDRED AND SIXTY-THREE AND CENTS FORTY ONLY
PACKING:10KG BLOCK WITH POLY WRAPPED 20 KG IS MASTER
NET WEIGHT:10020KGS
GROSS WEIGHT:10521KGS
WE DO HEREBY CERTIFY THAT THE MERCHANDISE IS OF BANGLADESH ORIGIN.
　　　　　　　　　　　　　　　　　　　　　　　NEPTUNE SEAFOODS LTD

资料二:提单

1. Shipper Insert Name and Address NEPTUNE SEAFOODS LTD. 102 MURADPUR MUNICIPAL HOUSING ESTATE, CHITTAGONG, BANGLADESH	B/L No. COSU708000513 中远集装箱运输有限公司 **COSCO CONTAINER LINES** **ORIGINAL** TLX:33057 COSCO CO
2. Consignee Insert Name and Address TO ORDER OF BANGLADESH KRISHI BANK **ORIGINAL** AGRABAD BRANCH, FINLAY HOUSE, CHITTAGONG, BANGLADESH	FAX:+86(0532)65458984 Port-to-Port or Combined Transport BILL OF LADING RECEIVED in external apparent good order and condition otherwise noted. The total number of packages or units container, the description of the goods shown in this Bill of Lading are furnished by the Merchants, and which the reasonable means of checking and is not a part of this Bill contract the Carrier has issued. The number of Bills of be surrendered and endorsed of signed against the shipment and whereupon any other original Bills of void. The Merchants agree to be bound by the terms of this Bill of Lading as if each had personally signed SEE clause 4 on the back of this Bill of Lading (terms the back hereof please read carefully) • Applicable Only When Document Used as a Combined transport B/L.
3. Notify Party Insert Name and Address and Phone CHINA AQUATIC PRODUCTS ZHOUSHAN MARINE FISHERIES CORPORATION FAX:0086-580-33093477	
4. Pre-carriage by MV. MILD LIN V-105	5. Place of receipt CHITTAGONG CY	
6. Ocean vessel LUO BAHE V-0004E	7. Port of loading CHITTAGONG	
8. Discharge NINGBO	9. Place of Delivery NINGBO CY	

Marks & Nos. Measurement(M³) Container/Seal No.	No. of Containers or Packages	Description of Goods	Gross Weight (kgs.)
N/M	SAID TO CONTAIN	FROZEN TONGUE	SAID TO WEIGH 10521 KGS 17.5CBM
CBHU2604819/C70270 1×20'FR TARE:2280	501CTNS	FROZEN TONGUE SOLE W/R "GOODS ARE STOWED IN REFRIGE RATED CONTAINER SETTEMP AT-18 DEG. CELSIVES"	

10. Total Number of container and /or packages (in words)
    Subject to Clause 7 Limitation 01×20 reefer = FIVE HUNDRED AND ONE CARTONS ONLY

11. Freight & Charges	Revenue Tons	Rate	Per	Prepaid	Collect
Declared Value Charge				FREIGHT PREPAID	

Ex. Rate: Prepaid at Payable at CHITTAGONG	Place and date of Issue CHITTAGONG:MARCH 22 2014
Total Prepaid No. of Original B(s)/L 3 (THREE)	Signed for the Carrier:COSCO CONTAINER LINES

LADEN ON BOARD THE VESSEL
DATE MAR. 25, 2014 BY
(COSCO STANDARD FORM9801) JP00 059958 COSCO JAPAN CO., LTD AS AGENT

换取提货单:

2014年4月10日,宁波北仑货代代理收到电放提单后,持电放提单换取提货单,货物由前方码头运至堆场。

进口报检报关:

2014年4月11日,宁波北仑货代代理持舟山渔业提交的全套单据进行报检、报关操作。许可证/审批号:2014122430,报检联系人为:吴雅丽,联系电话:1365456××××。货物存放于宁波港太平洋码头F04堆场。

宁波北仑货代代理完成了入境货物报检单的填制之后,一并将收到的全套单据(报检委托书、合同、发票、提单、装箱单、许可证/审批文件等复印件、卫生证书、入境货物报检单)交与宁波检验检疫局,完成货物的报检操作。

2014年4月12日,宁波北仑货代向宁波海关(4301)申报。该批货物运费为900美元,保险费率为0.27%,已办进口检疫。

提货:

宁波北仑货代代理完成本批冻鳗鱼的报检、报关操作之后,在提货单上加盖了提货章、海关放行章、三检合格章,2014年4月14日,顺利从堆场提取货物并完成相关检验工作,于当日将货物运往舟山渔业库房。

入库业务:

2014年4月14日,舟山渔业订单处理中心李明根据收到的电放提单填制入库通知单,并向仓库发出入库通知,准备货物的入库操作。入库通知单如下:

入库通知单

入库通知单号:ASN201403130001
供应商:孟加拉国尼帕海洋食品公司
供应商编号:S0000721
入库库房:1号冷冻仓库　　　仓库编号:RF001
接货人:赵伟　电话:0574-52264239
计划到货日期:2014年4月15日

序号	物料编号	物料名称	规格	单位	计划数量	备注
1	5300020-27	冻鳗鱼	50—100	箱	204	
2	5300020-28	冻鳗鱼	100—150	箱	117	
3	5300020-29	冻鳗鱼	130—300	箱	130	
		合计				

制单人:李明　　　　　　　　　　　　　　　第1页 共1页
　　　　　　　　审核人:王晶

2014年4月15日上午,该批货物到达舟山渔业,供应商孟加拉国尼帕海洋食品公司的所有物料的出入库和库内保管由仓储部的仓管员赵伟负责。货物验收全部合格,并且与入库通知单一致,仓管员赵伟当天根据入库通知单和实际收货情况编制入库单号为ZYJHDH867的入库单。

当日,根据物料存放规则和仓库可用货位情况,仓管员赵伟计划将质量合格的物料统一入库到仓库编号为RF001的1号冷冻仓库,库区为:冷冻鱼区,目前空的储位如下:

存放规格	起始储位	结束储位	存放限制
冻鳗鱼50—100	A00001	A00005	100箱/储位
冻鳗鱼100—150	B00001	B00005	50箱/储位
冻鳗鱼130—300	C00001	C00005	200箱/储位

储位安排按储位顺序依次放满。仓管员赵伟以此制定了作业单号为IB0000120111的储位分配单,交给搬运组王晓亮进行物料入储位作业,作业结果由搬运组王晓亮在储位分配单上反馈。

运输业务:

2014年4月16日10时,舟山渔业客服刘华将一份发运计划传真给宁波速达运输公司,具体内容为:

托运单号	YD4610000004911	客户编号	PHKH5013
托运人	舟山海洋渔业公司(联系人:李丽经理;联系电话:0574-52261003;地址:宁波市汉沽区大田路106号;邮编315480)		
包装方式	纸箱		
货物详情	货物名称:冻鳗鱼;数量:501箱;货物重量与体积信息如上资料		
收货人	杭州康佳食品公司(联系人:李丽经理;联系电话:0571-64351003;地址:浙江省杭州市沈河区区南关路12号;邮编:310016)		
托运要求	(1) 要求上门取货和送货,取货地信息与托运人联系信息相同,送货地信息与收货人联系信息相同; (2) 要求2014年4月17日17时之前送到目的地; (3) 凭客户签字的运单作为回执; (4) 不投保; (5) 运费现结,运费1000元,取货及派货费各50元; (6) 运输过程中车厢内温度要保持在-18℃—10℃之间		

当天10:15,宁波速达运输公司还收到几份托运委托书,具体如下:

托运单号	YD4610000004912	客户编号	PHKH5014
托运人	宁波银沙贸易公司(联系人:王丽经理;联系电话:1345464××××;地址:宁波市五星路金都大厦16楼;邮编315000)		
包装方式	箱		
货物详情	货物名称: (1) 自行车,40箱,2辆/箱,0.12 cbm/箱,50 kgs/箱; (2) 山地自行车,20箱,1辆/箱,0.15 cbm/箱,50 kgs/箱。 此批货物为重货,运费计算公式为:吨公里运价×运距×吨重量		
收货人	杭州第一体育用品公司(联系人:许丽经理;联系电话:1890101××××;地址:浙江省杭州市武林路1112号;邮编:110231)		
托运要求	(1) 要求上门取货和送货,取货地信息与托运人联系信息相同,送货地信息与收货人联系信息相同; (2) 要求2014年4月18日09时之前送到目的地; (3) 凭客户签字的运单作为回执; (4) 月结,托运人账号:145425126; (5) 不投保		

托运单号	YD4610000004913	客户编号	PHKH5015
托运人	宁波农夫牧场公司(联系人:李星辰经理;联系电话:1301212××××;地址:宁波市工业中路41号;邮编315000)		
包装方式	纸箱		
货物详情	货物名称:冻虾仁,数量:100箱,0.12 cbm/箱,50 kgs/箱; 此批货物为重货,运费计算公式为:吨公里运价×运距×吨重量		
收货人	杭州家乐福超市(联系人:金清经理;联系电话:1890101××××;地址:浙江省杭州市清风路1332号;邮编:310089)		
托运要求	(1) 要求上门取货和送货,取货地信息与托运人联系信息相同,送货地信息与收货人联系信息相同; (2) 要求2014年4月18日9时之前送到目的地; (3) 凭客户签字的运单作为回执; (4) 现结; (5) 不投保; (6) 运输过程中车厢内温度要保持在-18℃—10℃之间		

公司现有运力资源如下:

姓名	车牌号	联系方式	货厢尺寸（长.宽.高）	车容(m^3)	核载(T)	车型	货厢类型	运作线路
刘大成	浙G93939	13000099999	4.2×1.8×1.9	12	3	普通	全厢	市内取货
蒋玉	浙G87474	13989998888	7.2×2.3×2.5	35	10	冷藏	全厢	市内取货
王文贵	浙A90591	13288801762	4.2×1.8×1.9	12	3	普通	全厢	宁波—杭州
王广云	浙A61021	13539974852	5.2×2.15×2.3	22	6.5	冷藏	全厢	宁波—杭州
段其成	浙G60761	13760728218	7.2×2.3×2.5	35	16	冷藏	全厢	宁波—杭州

当天10:45，宁波速达运输公司客服姜云接到客户发来的编号为YD4610000004913的运单更改货品数量信息。客户将减少10箱货品，其他信息不变。客服姜云在最终审核、修改完这三个客户的业务申请后，将订单提交给调度刘洋进行操作。

4月16日11:15分，调度刘洋根据车辆、运输货物等情况，编制单号为YSJH4900033的运输计划，该运输计划包含托运单号为YD4610000004911、YD4610000004913的两张托运单内的全部货物。

4月16日12:00，调度刘洋根据车辆、作业等情况，派货运员邱晓彤执行该取货以及运输任务。4月16日15:00，邱晓彤到达指定取货点，如数取到货后，由取货人、托运人签字确认。

4月16日17:00，货运员邱晓彤回到公司，并告知调度刘洋完成集货作业，无异常情况。

货物于2014年4月16日19:00在宁波站装车，装卸员林南宇负责装车作业。

预计于2014年4月16日23:00发车出宁波站，2014年4月17日3:00到达杭州站，司机携带备用金600元。

宁波到杭州距离约200公里。

退货业务：

2014年4月17日8时，杭州康佳食品公司收到了这批货物，仓管员李涛对这批货物进行验收，按照公司的规定进行了入库操作，并编制入库单。收货验收后，仓管员李涛把这批货物入库到物料待检一区，由质检科的质检员孙兰负责质量检验。2014年4月17日下午，仓管员李涛收到由质检员孙兰开具的这批入库物料的质检报告，质检报告的质检单号为：QT012302311，内容显示这批编号为冻鳗鱼130—300，重金属含量超标，全部不合格（退货原因为：重金属含量超标）。

当日，对于质检不合格的物料，仓管员李涛通知搬运组将不合格的冻鳗鱼搬运到冷冻仓库LD0001的隔离2区，同时与采购部采购员王刚沟通确认质检结果。

2014年4月18日，采购员王刚根据相关的采购协议、入库单和质检报告，编制退货单号为RT00210322的退货申请单（其中质检报告中的不合格原因作为退货原因），并通知供应商退货。

制单要求：

1. 请以宁波北仑货代进出口代理公司报检员的身份填制入境货物报检单；
2. 请以舟山渔业仓管员赵伟的身份为入库任务完成入库单的填制；

3. 请以舟山渔业搬运组王晓亮的身份完成储位分配单的填制;
4. 请以宁波速达调度刘洋的身份填制运输计划;
5. 请以杭州康佳食品公司采购员王刚的身份填制退货申请单。
(备注:单据填制过程中,各字段的内容须完全以题干中所提供的信息为准)

《运输计划》填制相关说明:
(1) 发运时间:填写车辆在始发站的发运时间。
(2) 收货时间:填写货物预计到达经停站或目的站的时间。
(3) 计费里程、全行程:填写始发站到目的站的公路里程。
(4) 备用金:按照实际数量填写,若无,填写 0。
(5) 预计装载量:填写该车辆所运货物的总重量。
(6) 到达时间(始发站、经停站、目的站):分别填写车辆在经停站、目的站的预计到达时间,始发站的到达时间不用填。
(7) 发车时间(始发站、经停站、目的站):分别填写车辆在始发站、经停站的预计发车时间,目的站的发车时间不用填。
(8) 经停站托运订单信息:填写车辆所载货物中,目的站为本车辆经停站的托运订单信息,其中发货人栏填写托运人单位全名,重量、体积为某条托运订单信息中的总重量和总体积,收货人栏填写收货人单位全名,收货时间为要求到货时间。
(9) 目的站托运订单信息:填写车辆所载货物中,目的站为本车辆目的站的托运订单信息,其中发货人栏填写托运人单位,重量、体积为某条托运订单信息中的总重量和总体积,收货人栏填写收货人单位,收货时间为要求到货时间。
(10) 备注信息:题干中未提供备注信息的,该空可不填。

入境货物报检单的填制要求:
(1) 报检单位:指向检验检疫机构申报检验检疫鉴定业务,并已在检验检疫机构登记注册的单位及代码。报检单位应加盖公章。
(2) 报检单位登记号:指报检单位在检验检疫机构的登记号和代理报检单位在检验检疫机构的注册号。
(3) 收货人和发货人:指合同中的买方和卖方。
(4) 货物名称、规格:按合同、发票所列填写,商品名称相同,规格不同的商品必须合并填写,如为废旧货物应注明。
(5) H.S.编码:按海关《商品分类及编码协调制度》中所列货物的编码填制。
(6) 报检数/重量:申请检验检疫货物的数/重量,注明计量单位。
(7) 货物总值:按合同及发票上所列货物总值填写。
(8) 标记及号码:按合同、发票或提(运)单上列明的标记号码填写。
(9) 启运国家(地区):指入境货物装运的国家(地区)。
(10) 启运口岸:指入境货物装运口岸名称。
(11) 经停口岸:指入境货物在启运后中途停靠的口岸名称。
(12) 入境口岸:指装运入境货物的运输工具进境目的口岸名称。
(13) 目的港(地):指入境货物预定最后抵达的交货港(地)。
(14) 到货日期:按入境货物到达目的港的实际日期填写。
(15) 卸毕日期:按入境货物卸毕的实际日期填写。

(16)贸易国别(地区):填入境货物购自国或地区,按合同填写。

(17)提单/运单号:填写所附提单或运单号,有二程提单的,应同时填写。

(18)索赔有效期:按合同规定的索赔期限填写,应特别注明截止日期。

(19)许可证/审批号:指须经官方审批方可入境货物的进口安全质量许可证编号或进境动植物检疫许可证编号。

(20)集装箱规格、数量及号码:填写装载本批货物的集装箱规格及分别对应的数量和集装箱号码全称,如:1×20 GP/COSU1230012。

(21)货物存放地点:指本批货物的具体存放地点。

(22)合同订立的特殊条款及其他要求:指贸易合同中双方对本批货物特别约定而订立的质量、卫生等条款,以及报检单位对本批货物检验检疫的特别要求。

(23)用途:指本批货物的用途,如:种用、食用、奶用、观赏或演艺、伴侣、实验、药用、饲用、其他等。

(24)随附单据:按实际向检验检疫机构提供的单据,在对应的方框里打"√",未列出的,在空白处填加。

(25)外商投资财产:根据实际情况,属外商投资财产的在相应的方框里打"√"。

(26)需要证单名称:按需要检验检疫机构出具的证单,在对应的方框里打"√",并应注明所需证单的正副本的数量。

(27)报检人郑重声明:必须有报检人的亲笔签名。

报检单其他栏目内容应如实填制或做出选择。

中华人民共和国出入境检验检疫
入境货物报检单

报检单位(加盖公章):　　　　　　　　　　　　　　　　*编　号
报检单位登记号:　　　联系人:　　　电话:　　　报检日期

收货人	(中文)		企业性质(划"√")	□合资 □合作 □外资
	(外文)			
发货人	(中文)			
	(外文)			

货物名称(中/外文)	H.S.编码	原产国(地区)	数/重量	货物总值	包装种类及数量

运输工具名称号码		合同号	
贸易方式		贸易国别(地区)		提单/运单号	
到货日期		启运国家(地区)		许可证/审批号	
卸毕日期		启运口岸		入境口岸	
索赔有效期至		经停口岸		目的地	
集装箱规格、数量及号码					

合同订立的特殊条款以及其他要求		货物存放地点	
		用　途	自营自销
随附单据(划"√"或补填)	标记及号码	*外商投资财产(划"√")	□是 □否
□合同　□到货通知		*检验检疫费	
□发票　□装箱单		总金额(人民币元)	
□提/运单　□质保书			
□兽医卫生证书　□理货清单		计费人	
□植物检疫证书　□磅码单			
□动物检疫证书　□验收报告		收费人	
□卫生证书			
□原产地证			
□许可/审批文件			

报检人郑重声明:	领取证单
1. 本人被授权报检。	日期
2. 上列填写内容正确属实。　　签名:_____	签名

注:有标注"*"的栏目由出入境检验检疫机关填写。　　◆国家出入境检验检疫局制

[1-1(2000.1.1)]

入库单

入库单号：

仓库编号							
供应商名称		供应商编号			制单时间		
入库通知单号							
物料名称	物料编号	规格	单位	计划数量	实际数量	批次	备注
仓管员				制单人			

储位分配单

作业单号：

入库单号						仓库编号		
仓管员						日期		
作业明细								
序号	库区	储位	物料名称	物料编号	规格	单位	应放数量	实放数量	备注
制单人					作业人（签字）				

运输计划

发运时间：　　　年　　月　　日　　编号：

车牌号		核载(吨)		车容(m³)				始发站	经停站	目的站
计费里程(km)		司机姓名		联系方式			到达时间			
全行程(km)		备用金(元)		预计装载量(kg)			发车时间			
经停站										
发货人	发货地址	货物名称	包装	数量(件)	重量(kg)	体积(m³)	收货人	收货地址	收货时间	备注
目的站										
发货人	发货地址	货物名称	包装	数量(件)	重量(kg)	体积(m³)	收货人	收货地址	收货时间	备注

退货申请单

　　　　　　　　　　　　　　　　　　　　　　　退货单号：

客户名称							申请日期	
物料名称	物料编号	规格	单位	退货数量	质检单号	退货原因	备注	
制单人			仓库员				第1页　共1页	